Hubertus Scheurer
Erlebnisse im Hotel mit König Alfred
und seinem Hanswurst

Hubertus Scheurer

Erlebnisse im Hotel mit König Alfred und seinem Hanswurst

Der Kampf eines Bürgers gegen ein Unternehmen mit faschistoiden Verhaltensweisen

Band VII.

Bibliografische Information Der Deutschen Bibliothek
Die Deutsche Bibliothek verzeichnet diese Publikation
in der Deutschen Nationalbibliografie;
detaillierte bibliografische Daten sind im Internet über
http://dnb.ddb.de abrufbar.

Bibliographic information published by
Die Deutsche Bibliothek
Die Deutsche Bibliothek lists this publication in the
Deutsche Nationalbibliografie;
detailed bibliographic data
are available in the Internet at http://dnb.ddb.de.

Hubertus Scheurer – Erlebnisse im Hotel mit König Alfred
und seinem Hanswurst

2. Auflage

Herstellung und Verlag: Books on Demand GmbH, Norderstedt
ISBN: 978-3-8334-7979-3

Informationen über:
www.Hubertus-Scheurer.de

Inhaltsverzeichnis

Vorwort

Nachdem meiner Plakatwerbung, wie im vorigen Band beschrieben, kein Erfolg beschieden war und selbst die dort angekündigte Bücherverbrennung niemanden aus der Ruhe bringen konnte, bin ich zu dem Ergebnis gekommen, daß meine Werbung vielleicht doch zu feinsinnig und damit zu schwer verständlich gewesen ist.

Für diese Einschätzung spricht auch der Erfolg der Presse, die mit einfachsten, ja primitiven Schlagzeilen eine ganz außerordentliche Verbreitung ihrer oberflächlichen, teils infamen Darstellungen findet.

Insofern denke ich, daß in meinem Fall tatsächlich der Zweck die Mittel heiligt, wenn ich mich noch einmal für eine, allerdings weniger subtile, Werbung entscheide, um Aufmerksamkeit für meine Bücher zu wecken.

Dafür scheint mir der folgende Slogan, nachdem ich ihn bei einigen Personen getestet habe, einprägsam und damit geeignet zu sein:

S O K R A T E S
läßt Deutschland grüßen,
damit Freiheit atmen kann;
A L F R E D   K A C K
trat sie mit Füßen,
schaut Euch mal die Bücher an.

Soweit sich daraus irgendwelche Reaktionen ergeben, wird darüber im nächsten Band berichtet.

<u>Alfred erwache!</u>

Was kann man denn sonst noch machen,
Damit Alfred wird erwachen?
Was um alles in der Welt,
Hab als Frage ich gestellt.

Da nun dachte ich ans Fliegen,
Könnte ich ein Flugzeug kriegen,
Das im Kreis um Hamburg fliegt,
Würd der Fluch vielleicht besiegt,

Wenn im Schlepptau an dem Ende
Sich ein Transparent befände,
Auf dem groß geschrieben steht,
Alfred, es ist nicht zu spät.

Drum erwache, drum erwache,
Das ist aber Deine Sache,
Mehr kann ich für Dich nicht tun,
Hattest Zeit genug zum Ruhn.

Mußt Dir einen Ruck jetzt geben,
Strebst Du an das ewge Leben,
Geht Dir aber auf kein Licht,
Siehst das Paradies Du nicht.

Das fehlende Gesicht

Aus Berichten geht hervor,
Daß K. sein Gesicht verlor,
Deshalb würd er schon seit Tagen
Ständig eine Maske tragen.

Eine Maske als Gesicht,
Ohne weitres sieht man nicht,
Daß sich überhaupt die beiden
Voneinander unterscheiden.

Jener, der die Maske schuf,
War ein Künstler von Beruf;
Wußt das Abbild zu gestalten
Bis hin zu den kleinsten Falten.

Doch was auffällt, ist der Blick,
Immer gleich, hier half kein Trick;
Grinst bis über beide Ohren
Und das Lächeln eingefroren.

So blickt dieser Strahlemann
Uns höchst selbstgefällig an;
Da nur die Erfolge zählen,
Kann auch das Gesicht gern fehlen.

Ole auf der Mole

Kürzlich sah ich unsren Ole,
Ole der saß auf der Mole,
Fern vom Rathaus, ganz allein,
Blickte gar so traurig drein.

Mußte wohl an Alfred denken,
Der die Stadt wollt reich beschenken,
Mit dem Glanz in seinem Sein
Und dazu dem heilgen Schein,

Der nun immer mehr verblaßte,
So daß Ole das nicht faßte,
Liegt natürlich auch sehr nah,
Der Alfred als Menschen sah,

Dem er nur Bewundrung zollte,
Der sein Ansehn heben sollte,
Beide hatt' in Bild und Welt
Man schon ganz groß rausgestellt.

Würd der heilge Schein nun weichen,
Wär das wohl ein schlechtes Zeichen
Für die nächste Wiederwahl,
Ole wurde bleich und fahl.

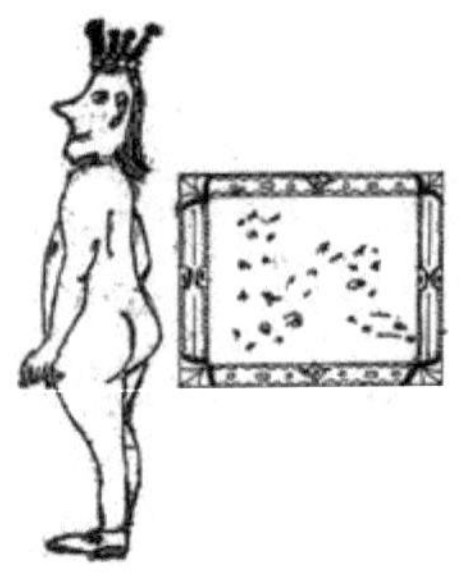

Der kalte Hintern

König Alfred leiht sein Ohr,
Weil sein Hintern so leicht fror,
Der Frau, die in dem Bericht,
Täglich über's Wetter spricht.

Danach trifft er den Entscheid
Jeweils für das Hosenkleid,
Das der Witterung gemäß
Soll erwärmen sein Gesäß.

Alfred, was man leicht vergißt,
Ist der größte Popoist;
Kunst gelingt ihm aber nur
Wenn sie stimmt, die Temperatur.

So hält er für jede Zeit
Auch das rechte Kleid bereit;
Scheint die Sonne richtig heiß,
Läßt er Luft an seinen Steiß;

Sonst muß es aus Wolle sein,
Vom Gesäß hin bis zum Bein,
Doch ganz ohne den Bericht
Klappt die Feinabstimmung nicht.

Des Königs neue Hose

König Alfred kam vom Schneider,
Doch die Hose rutschte leider,
Die ihm grad ward angemessen,
Auch zwei Knöpfe warn vergessen.

Hanswurst brüllte los vor Lachen,
Die Figur, die Sie jetzt machen,
Ist nicht ziemlich für Ihr Alter,
Ich hol einen Hosenhalter.

Und sieh da, Ihr Schlitz steht offen,
Da möcht ich nun wirklich hoffen,
Daß die Zofe nichts gesehen,
Sie könnt das glatt falsch verstehen.

Haben Sie's auch nicht befohlen,
Ich werd Zwirn und Nadel holen
Und zwei Knöpfe, schließ die Ritze,
Daß nichts rausschaut aus dem Schlitze.

Da rief Alfred: Leider, leider
Ist ein Dämlack dieser Schneider,
Doch ich geh nicht ohne Kleider,
Lieber wechsel ich den Schneider.

Der Geizhals

Ungeheizt war das Kontor,
Und der Kontorist er fror,
Dachte, es ist schon sehr trist,
Daß Herr K. so sparsam ist.

Scheffelt ständig sich zum Wohle
Große Säcke voll mit Kohle,
Doch statt ordentlich zu heizen,
Will er hier mit Kohle geizen.

Demnächst fehln in der Bilanz
Kosten für die Heizung ganz,
So daß jeder Mann zum Schluß
Kohlen selbst mitbringen muß.

Ich bin absolut bescheiden,
Aber Geiz kann ich nicht leiden,
Doch auch K. der alte Hase
Fällt noch einmal auf die Nase.

Dann heizt man ihm richtig ein,
Er verliert den heilgen Schein,
Gut, wenn er mal unterliegt
Und selbst kalte Füße kriegt.

Das Rudiment

Alferd K. und Rudi waren
Sänger schon seit vielen Jahren
In dem großen Kirchenchor,
Rudi glänzt heut als Tenor.

Alfred hat nicht mehr die Klasse,
Er ging unter in der Masse,
Auch die Stimme, das zum Grund,
Unterlag dem Altersschwund.

Wahr will Alfred das nicht haben,
Daß sie schwanden seine Gaben,
Denn so lang ist es nicht her,
Da sang keiner so wie er.

Seine Stimme ohnegleichen
Konnte Rudi nicht erreichen,
Doch sie bleibt nicht stehn die Zeit,
Dadurch kam es nun soweit.

Rudi, man sagt dies ganz offen,
Hat den Alfred übertroffen,
Für den, der die beiden kennt,
Wurd Alfred zum Rudiment.

Ändern Sie den Konsonanten!

Was mach ich nur mit den Tanten,
Die so freimütig bekannten,
Daß der Name Kack sie stört,
Fanden ihn ganz unerhört.

Dies sei nun der Grund gewesen,
Die Geschichten nicht zu lesen,
Die ich über Alfred schrieb,
Folgte drauf für mich der Hieb.

Ich bin sicher, daß die Tanten
Sich in diesem Punkt verrannten,
Denn es heißt doch schließlich auch,
Namen sind wie Schall und Rauch.

Da ist es nicht angemessen,
Drum den Inhalt zu vergessen,
Einzig der ist, was hier zählt,
Nicht ob Namen sind verfehlt.

Deshalb rate ich den Tanten,
Ändern Sie den Konsonanten,
Statt dem K, M oder D,
Und der Name tut nicht weh.

König Alfred und sein Hanswurst

König Alfred und sein Hanswurst
War'n ein herrliches Gespann;
Deshalb bot er seinem Hanswurst
Einen hohen Posten an.

Hanswurst stieg auf zum Direktor,
Zum Direktor vom Hotel,
Und man fragte sich am Hofe.
Ging das nicht ein bißchen schnell.

Hanswurst war denn auch im Geiste
Eher wohl ein wenig schwach,
Darin stand er König Alfred
In der Tat um gar nichts nach.

Nun, man weiß, der König Alfred
War nicht gleich der große Mann,
Fing er doch als Rinderbauer
Ganz von unten einmal an.

Steak und Würstchen muß man sagen,
Die Verbindung ist perfekt,
Weil in beiden so gemeinsam,
Rind sowohl als Schwein auch steckt.

Wie die beiden weiter wursteln,
Ich geb zu, ich weiß es nicht,
Vielleicht geht dem König Alfred
Doch noch einmal auf ein Licht.

König Alfred ein Dieb?

König Alfred wird bestohlen
Im Hotel, zu seinem Leid
Und beklagt ganz unverhohlen
Die Moral in dieser Zeit.

König Alfred sagt, mit Dieben
Damit hätt er nichts am Hut,
Scheint auch gar nicht übertrieben,
Da er soviel Gutes tut.

Was mag so ein König taugen,
Ist er wirklich rein und hehr?
Der bewußt verschließt die Augen,
Wird beschmutzt des Gastes Ehr.

Aus Verantwortung sich stehlen,
Alfred ist es gut und lieb,
Ohne, daß ihn Zweifel quälen,
Wird er so nicht selbst zum Dieb?

Der herrliche König Alfred

Mit der Bockwurst fing es an,
Alfred wurd ein großer Mann;
Seine Bockwurst aß man gern,
Kam von nahe und von fern.

Immer heller schien sein Stern,
Und er wurd zum gnäd'gen Herrn,
Stieg im weiteren Verlauf
Gar zum Bockwurstkönig auf.

Doch damit noch nicht genug,
Dachte er, es wäre klug,
Würd auch noch der heil'ge Geist
In die Bockwurst eingespeist.

Es verging nur kurze Zeit,
Und dann war es schon soweit,
König Alfred wunderfein,
Wurd gesehn mit heil'gem Schein.

Wär er für die Ewigkeit
So nicht bestens auch gefeit?
Heil'ger Schein und Königsmacht,
Nun, da wär es doch gelacht,

Käm er nach dem Erdensein
Nicht ins Paradies hinein;
Ganz so einfach ist das nicht,
Kommt zuerst mal das Gericht.

Vor dem Jüngsten muß er stehn,
Und dann wird man weitersehn;
Wer sich selber hier erhöht,
Schlucken muß er diese Kröt',
Wird erniedrigt eben dort,
Steht die Bibel für im Wort;
Wer im Kleinsten Unrecht tut,
Ist im Großen auch nicht gut.

Noch bleibt König Alfred Zeit,
Anzuziehn das Büßerkleid;
Wenn vorm Himmelstor er steht,
Ist es dafür längst zu spät.

Die Hanswurstigkeit

Selbst der Hanswurst mußte klagen,
Meinte, es sei gar nicht fair,
Würde jemand von ihm sagen,
Daß er hinterfotzig wär.

Auch als Hanswurst ihn zu sehen,
Was fiel diesem Mensch nur ein?
Bei dem König würd er stehen,
Damit ministrabel sein.

Ist wohl richtig, doch vergißt er,
Hierin liegt kein Widerspruch,
Es gab auch schon den Minister,
Dem gelang im Stil der Bruch.

Hinterfotzigkeit ihm eigen,
Da mit Tücke und mit List,
War nur unschwer aufzuzeigen,
Er dem Gast ans Bein gepißt.

Daß er dummdreist sich benommen,
Ist doch wohl ein alter Hut;
Mag er wieder zu sich kommen,
Übermut tut selten gut.

Zur Hinterfotzigkeit

Daß er hinterfotzig wär,
Störte Hanswurst wirklich sehr;
Richter können dies verstehen,
Sehen darin ein Vergehen,

Wenn den Hanswurst man so nennt,
Er sich dazu nicht bekennt.
Jedenfalls war Hanswurst trotzig,
Obendrein auch frech und rotzig,

Und nach allem, was geschehen,
Sollten das die Richter sehen;
Hinterfotzig, welch ein Schrecken,
Was könnt in dem Wort noch stecken?

Vielleicht störte die denn auch
Grade dieser Sprachgebrauch;
So sind oft es nur Nuancen,
Die sich ins Gehirn einstanzen,

Unbewußt, bedeutungsschwer,
Was das Wort gibt gar nicht her,
Denn, daß Hinterlist ihm eigen,
Konnten wir gewiß aufzeigen,

Deshalb lohnt sich auch kein Streit
Wegen Hinterfotzigkeit,
Nur um Richtern durch das Streiten
Den Bewußtseinsstand zu weiten.

Der Gast der zum Hotel gut passt

Alfreds Richter, die erlauchten,
Meinten, daß wir Ordnung brauchten,
Und es könnt sogar gelingen,
Mittels Haft sie beizubringen.

Darauf will ich gern verzichten,
Ordnungshalber drum berichten,
Was Hanswurst in jenen Tagen,
Außerdem noch tat beklagen.

Was ihn wirklich sehr empörte,
War, daß ich, was er jetzt hörte,
Sagte einem Gast, der störte,
Daß er hier nicht hingehörte.

Waren Jahre zwar vergangen,
Doch der Hinweis sollte langen,
Um mich deshalb anzublaken,
Wie ein Ochsenfrosch beim Quaken.

Bei dem Gast war es die Regel,
Aufzuführn sich wie ein Flegel,
So, daß gar nicht zum Erstaunen,
Damen mieden dann die Saunen,

Wenn sie diesen Herrn erblickten,
Sich schnell anderswo erquickten;
Ich kenn Herrn, man kann gern fragen,
Die sich fast mit ihm geschlagen.

Soll ich dafür Zeugen bringen,
Würd das heute noch gelingen;
Allerdings muß ich gestehen,
Würd ich ihn jetzt anders sehen.

Dieser Mann, so würd ich's fassen,
Dürft in das Hotel gut passen;
War bestimmt kein großer Freier,
Doch befreundet mit Frau Dreyer.

Apropros die Wellness-Dreyer,
Die trät Hanswurst in die Eier,
Wenn er sie beleidigt hätte,
Darauf schließ ich jede Wette.

König Alfred und die Ehre

Kann es sein, daß man der Ehre,
Heut nicht mehr die Ehre gibt?
Daß ich mich dagegen wehre,
Macht mich sicher nicht beliebt.

Ehre kann ich mir nicht leisten,
Sagt bei uns der kleine Mann,
Und so geht es wohl den meisten,
Falln zu hohe Kosten an,

Um das Recht sich einzuklagen,
Braucht man Geld, ich hab's gesehn,
Müßt der kleine Mann verzagen,
Würde dran zugrunde gehn.

Für die Ehre, werd ich streiten
Gegen Bockwurstkönig Kack,
Wollte er mir Schmach bereiten,
Ich fürcht nicht den alten Sack.

Bin so leicht nicht zu erschüttern,
Hat er auch das große Geld,
Mag er mit der Bockwurst füttern,
Deutschland, ja die ganze Welt.

Ich will trotzdem weiter kämpfen,
Fürchte nicht den großen Knall,
Seinen Hochmut etwas dämpfen,
Sagt man, der kommt vor dem Fall.

König Alfred und die Einfalt

Könnte König Alfred lesen,
Und man sagt, daß er es kann,
Ist im Bilde er gewesen,
Darauf nun kommt es hier an,

Es sei denn, er wäre dämlich,
Doch er ist ein Mann von Geist,
Stellt man fest doch einvernehmlich,
Wie es in der Presse heißt.

Daß die Vorwürfe erlogen,
Die man gegen mich erhob,
Also hat auch er betrogen,
Wie ich meine ziemlich grob;

Soll ich nachweislich erhellen,
Daß der König ist gescheit?
Würd man ihm sonst unterstellen,
Einfalt oder Dämlichkeit?

Würde er sie selbst bezeugen,
Dürft er ohne Wissen sein,
Könnt ich mich der Dummheit beugen,
Stell die Widerklage ein.

König Alfreds Wissen

Ich seh Anwalt Schnurz schon klagen,
Gegen Richter, die es wagen,
König Alfred anzutragen,
Er würd nicht die Wahrheit sagen,

Weil er's nicht konnt besser wissen,
Hieße doch, er würde missen,
Wichtige Erkenntnisquellen,
Dies würde infrage stellen,

Seine Souveränitäten,
So was käme ungebeten;
Es wär auch sein Wissensstande,
Einzigartig hier im Lande,

Und man könnte nun vermuten,
Es ständ damit nicht zum Guten;
Sein Verstand, der wär bescheiden,
Das könnt er schon gar nicht leiden.

Ja, da muß ich mich schon fragen,
Was würd das Gericht wohl sagen;
War es vielleicht zu beflissen,
Und zwar wider bessres Wissen?

<u>Der Advokat in der Kammer</u>

Advokatus Blödelschlauer,
Wollte wissen es genauer;
Meinte, wer in seinem Leben,
Würde rechtlich Beistand geben,

Wäre in der Anwaltskammer
Mitglied, und nun kam der Hammer;
Er ließ meinen Namen nennen,
Und kein Mensch würd mich dort kennen.

Mußt er dem Gericht berichten,
Denn vielleicht würd man ja sichten,
Jemand, der es könnte wagen,
Ohne Recht, einfach zu tragen,

Die Bezeichnung für den Stande
Des Berufs, welch eine Schande,
Sie ans Tageslicht zu bringen,
Konnt ihm leider nicht gelingen.

Wurd zum Rechtsbeistand gekoren,
Als er grün hinter den Ohren,
Hat er wieder nicht getroffen
Und darf somit weiter hoffen,

Wider jeden guten Glauben,
Mir die Unschuld noch zu rauben,
Doch zum Abschluß muß ich sagen,
In bezug auf Kammerfragen,

Als um Zutritt er gebeten,
Wär ich sofort ausgetreten,
Denn mit ihm in einer Kammer,
Unbeschreiblich so ein Jammer.

Die bevorrechtigten Interessen

Am normalen Mensch gemessen,
Hat ein König Interessen,
Die sich nicht vergleichen lassen,
Dürfte man wohl leicht erfassen.

Königliche Interessen
Machen allzu leicht vergessen,
Daß die Armen wie die Reichen
Sich vor dem Gesetze gleichen.

Jedenfalls, daß sie es sollten,
Wie's die Demokraten wollten,
Doch was ist, wenn bei Gerichten,
Sich dem Könige verpflichten,

Richter, die zwar frei entscheiden,
Aber mit dem König leiden,
Weil sie seinen Interessen
Einen höhren Wert beimessen?

Aus berechtigten Interessen
Wird mit Unterschied gemessen,
Und so kann man gut verstehen,
Daß sich unberechtigt sehen,

Menschen ohne Königswürden,
Die in Anbetracht der Hürden,
Für sich keine Chancen sehen,
Deshalb vor Gericht nicht gehen.

Schiete sagt Fiete

Meine Herren, meine Güte
Denke ich an Hamburgs Blüte,
Damalige Kaufmannsleute
Und die Nachfolger von heute.

Groß schrieb man des Kaufmanns Ehren,
Heut nur noch das Geldvermehren,
Wo Kaufleute wie Popanzen
Um das goldne Kalb rumtanzen,

In der Zeitung sich verbreiten,
Wie die klugen, ganz Gescheiten;
Wo man früher war bescheiden,
Kann man das heut gar nicht leiden.

Wer erfolgreich ist im Rennen,
Nun, den sollen alle kennen,
Ehrerbietung gern bezeugen,
Tunlichst sich vor ihm verbeugen.

Um Kritik wird nicht gebeten,
Man kann anders, sogar treten;
Ja so ist das, auch beim Streiten,
Zeigt man heut ganz neue Seiten.

Fairneß nein, da muß man lachen,
Sie ist etwas für die Schwachen,
Einen Starken wird beglücken,
Kann er andre runterdrücken.

Wenn es sein muß, wird man klagen,
Hilft das Geld in allen Lagen,
Advokaten, die verstehen,
Auch das Recht zurechtzudrehen.

So lernt mancher, außer Spesen
Ist mal wieder nichts gewesen,
Und die Kaufmänner von heute,
Sind nicht immer feine Leute.

Dies gilt auch für die Elite,
Findet man dort manche Niete;
Dazu sagt uns Hamburgs Fiete:
Wahrlich, wahrlich große Schiete.

Hanswurst in Afrika

Hanswurst, las ich, siehe da,
Will demnächst nach Afrika,
Und dort den Direktor spielen,
Eines unter andern Zielen.

Nun, vielleicht tut ihm das gut,
Denn in heißer Sonnenglut,
Wird er sich sehr stark erhitzen,
Könnt die Arroganz ausschwitzen.

Jedenfalls käm's besser an,
Spielt' er nicht den starken Mann;
Sollte lieber sich bescheiden
Und die starken Sprüche meiden.

Kommt er dort den Menschen krumm,
Haut es ihn sonst selbst noch um;
Verletzung der guten Sitten
Wird man sich bestimmt verbitten;

Wenn er Menschen dort entehrt,
Ist sein Leben nichts mehr wert,
Macht der Stammesfürst der Neger
Ihn zu seinem Bettvorleger.

Der bedenkliche König

Bedenklich ist das allemal,
Wenn König Alfred baut den Saal,
Den allergrößten in der Stadt,
Den Hamburg je gesehen hat.

Ein Mann, der sich darum nicht schert,
Wenn sein Hotel den Gast entehrt,
Der dann im weiteren Verlauf,
Verleumdungen setzt oben drauf.

Den soll man, bitte schön, verehrn,
Die Zeitung zeigt ihn allzu gern,
Als Vorbild diesen großen Mann,
Den jeder nur bewundern kann.

Lädt der erhabne König ein,
Soll's die feine Gesellschaft sein,
Scheint mir als Tanz auf dem Vulkan
Im Scheingeflecht von Größenwahn.

Den Herrscher mit den Starallürn,
Muß man ihn schon zum König kürn,
Dann von St. Pauli, ohne Bluff,
Als König mit dem größten Puff.

König Alfred laß Dir sagen

König Alfred laß Dir sagen,
Deine Uhr hat zwölf geschlagen,
Mit dem renommierten Haus
Ist es wohl endgültig aus.

Solltest Dich zur Ruhe setzen,
Keine Menschen mehr verletzen,
Und mit Hanswurst im Verein,
Dir zum Hobby Bauer sein.

Leg Dein Haus in andrer Hände,
Hat der Niedergang ein Ende,
Und im weiteren Verlauf,
Steigt es vielleicht wieder auf.

Wär für Hamburg auch von Nutzen,
Kaufleute, die nicht beschmutzen,
Dort den ganzen Kaufmannsstand,
Der als ehrbar war bekannt.

Solltest hin zum Jenseits schauen,
Dich im Geistigen erbauen,
Für die Reue im Gebet,
Ist es sicher nicht zu spät.

Angeklagter ins KZ

Schnurz und Freisler im Duett,
Ja, das wäre richtig nett,
Da säß ich, wenn ich Glück hätt,
Jetzt schon lange im KZ.

Denn bei Abart war bekannt,
Mußten damals hier im Land,
Menschen, wurden sie erkannt,
Vorzugsweise an die Wand.

Und da stelle man sich vor,
Jemand der nicht mit im Chor,
Rief »Heil Führer«, hab dich lieb,
Weil er es mit Tüchern trieb.

Der nicht standhaft wie ein Mann,
Neben Frauen duschen kann,
Weil er volksfern und verrucht,
Ständig nach Gesprächen sucht.

Nun, da bin ich besser dran,
Weil ich doch noch hoffen kann,
Und ich glaub, die Richter heut,
Sind verständnisvolle Leut.

Der königliche Jäger

König Alfred war ein Jäger,
Mit Hanswurst als Waffenträger,
Schoß er manchen großen Bock,
Trug des Jägers Waffenrock.

Auf dem hohen Anstand oben,
Taten sie Hubertus loben,
Der mit seinem heil'gen Geist,
Ihnen gnädig sich erweist.

Nach der Jagd, nun, liebe Leute,
Brachten sie die fette Beute,
Für die Gäste prompt und schnell,
In des Königs Stammhotel.

War ein fröhlich Jägerleben,
Doch dann hat es sich ergeben,
Daß der König schoß den Bock
Im Hotel im ersten Stock,

In der Form von einem Gaste,
Der ihm plötzlich nicht mehr paßte,
Hielt er ohne Anstand drauf,
Gut gezielt mit seinem Lauf.

Wollt dem Gaste nicht gefallen,
Zeigte der nun seine Krallen,
Und vom Jagen die Geschicht,
Wurd verhandelt vor Gericht.

Sprach der Richter, mit dem Scheine,
Darf man jagen Böcke, Schweine,
Da fiel König Alfred ein,
Er sah in dem Gast ein Schwein.

Schien den Richter sehr zu freuen,
Sollt den König es nicht reuen,
Es sei denn, man machte klar,
Dass der Vorfall anders war.

Manchen Gast mag es verdrießen,
Darf der König weiter schießen,
Menschen jetzt im Häuserblock,
Sieht er Schwein nur oder Bock.

König Alfred der darf lügen

König Alfred der darf lügen,
Mit dem Advokat betrügen,
Und die Richter lächeln milde,
Denn bei der gehobnen Gilde,

Gelten nun mal andre Regeln
Als bei den gemeinen Flegeln;
Ja, ein König braucht nicht wissen,
Was die andern wissen müssen,

Und so darf er auch beim Klagen
Gerne Unwahrheiten sagen,
Wenn er skrupellos, gerissen,
Meint, er könnt's nicht besser wissen.

König Alfred der darf lügen,
Werden es die Richter fügen,
Daß bei unrechtem Betragen,
Er behält den weißen Kragen.

Grad wie bei den Krankenkassen,
Gibt es Rechte für zwei Klassen,
Wird man nur die Kleinen fassen
Und die Großen laufen lassen.

König Alfreds Laterne

König Alfred sieht so gerne
Jeden Morgen seine Sterne,
Prangen vorne am Hotel,
Sind für ihn ein steter Quell,

Ihm in seinem Erdenleben
Freude und auch Kraft zu geben.
Ja, sagt Alfred, meine Sterne,
Sind für mich wie die Laterne,

Weil sie mir den Weg anzeigen,
Den ich gehn will, der mir eigen;
Soll zu neuen Höhen führen,
Wie dem König sie gebühren,

Der herabsieht von ganz oben,
Wird das Volk ihn herzlich loben,
Ihn als großen König preisen,
Hat er doch den Stein der Weisen.

Nun, da kann man für ihn hoffen,
Ist die Zukunft ja stets offen;
Möge er die Sterne pflegen,
Mit Hanswurst, dem Haus zum Segen,

Und man weiß doch von den Sternen,
Daß sie sich auch leicht entfernen,
Daß den König in die Ferne,
Führt kein Truglicht der Laterne.

König Alfred wird Gärtner

König Alfred wird berichtet,
Ist oft ziemlich falsch belichtet,
Dann, wenn er im Personellen,
Will allein die Weichen stellen.

Heißt, den Bock zum Gärtner machen,
Lustig zwar, doch nicht zum Lachen;
Könnte auch der Gärtner thronen
Und der König draußen wohnen.

In dem Tausch der Direktoren,
Hat das Haus Niveau verloren,
Und der Prunk in seinen Hallen,
Wird auch irgendwann verfallen.

Dies geschieht, wenn hohe Fürsten,
Lüstern nach der Macht nur dürsten,
Neben sich, man kann's nicht fassen,
Niemand sich entwickeln lassen.

Wissen wohl, sie können glänzen,
Nur wenn Schwache sie ergänzen,
Müssen um die Scheinwelt bangen,
Sind so sehr in ihr gefangen,

Daß sie einen Hanswurst nutzen,
Um sich mit ihm aufzuputzen,
Und so werden sie vergehen,
Keiner möcht sie wiedersehen.

Der Plattmacher-Alfred

König Alfred wollte beugen
Einen Bürger hier im Land,
Dachte, wenn er falsch tät zeugen,
Hätte er ihn in der Hand;

Brauchte diese nur zu schließen,
Und der Bürger wäre matt,
Sollt der weiter ihn verdrießen,
Drückt er zu und macht ihn platt.

So war's immer wohl gelaufen,
Gäb der Gegner nicht klein bei,
Würd das Recht er notfalls kaufen,
Sagte sich, ich bin so frei.

Doch nun mußte er erfahren,
Daß es auch mal anders geht,
Daß selbst ihm, dem Wunderbaren,
Jetzt der Wind entgegenweht.

Mag er auch den Druck erzeugen,
Folgt sogleich der Gegendruck,
Läßt der Bürger sich nicht beugen,
Alfred gib Dir einen Ruck!

Solltest zu der Wahrheit finden,
Oft gehört dazu mehr Mut,
Sich dahin zu überwinden,
Als wenn jemand Unrecht tut.

Der schlaue König

König Alfred gilt im Land
Als ein Bauer mit Verstand;
Die berühmte Bauernschläue
Zeigt sich bei ihm stets auf's neue.

Steht ihm förmlich im Gesicht,
Wer sie hat, verliert sie nicht;
Sie verhalf ihm zu den netten,
So bekannten Wursthausketten.

Doch es kommt noch darauf an,
Daß man auch gut rechnen kann;
Hierin ist er sehr beschlagen,
Und man kann ihn alles fragen.

Ja, da ist er ein Genie,
Er sagt zweimal drei ist pi;
Dies wollt einem von den Seinen,
Einmal zu gering erscheinen.

Kam die Antwort: Pi pa po,
Wenn ich's sag, dann ist das so;
Und selbst seine Richter sagen,
Wenn sich andere beklagen,

König Alfred ist ein Mann,
Dem ein jeder trauen kann;
Meint er, Äpfel das sind Trauben,
Dann muß man ihm eben glauben.

König Alfred und die Krankenschwestern

König Alfred der traf gestern,
Vorm Hotel zwei Krankenschwestern,
In der Sonne, auf dem Rasen,
Dacht, den könnt ich etwas blasen;

Pflegen jeden Tag die Kranken,
Das lenkt ab mal die Gedanken;
Ich will ihnen Freude machen,
Sie solln fröhlich sein und lachen.

Und so hat er schön geblasen
Für die Schwestern auf dem Rasen,
In sein Horn, und es tat schallen,
Hat den Schwestern gut gefallen.

Und sie sprachen voll Entzücken,
Ja, der König wollt beglücken
Uns vorm Hotel auf dem Rasen,
Er hat wundervoll geblasen.

Dieser wunderbare Bläser
Rührt zu Tränen selbst die Gräser,
Und so viele Damen fragen,
Wann bläst er, an welchen Tagen?

Alle wollen ihn gern hören,
Soll er doch auch sie betören,
Ihnen etwas Schönes blasen,
Vor dem Hotel auf dem Rasen.

Statussymbole

Alfred K., er sprach zu Ole,
Auch wenn ich es wiederhole,
Deine Kette, meine Kohle
Sind vom Status die Symbole.

Ich geb zu, daß ich gern hätte
Eines Bürgermeisters Kette,
Doch den Vorzug, lieber Ole,
Geb ich allemal der Kohle.

Ich hab, darauf kannst du wetten,
Weit mehr als ein Dutzend Ketten
Und mit Kohle, einem Haufen,
Kann ich einfach jeden kaufen.

Das gab Ole nun zu denken,
Alfred, wollte er ihn kränken
Oder aber auch nur testen,
Ole hielt es für am besten,

Diesen Satz zu überhören,
Sonst könnt das die Freundschaft stören,
Zählte er doch bei den Festen
Stets zu Alfreds Ehrengästen.

Blinde Kuh

Alfred der spielt ab und zu
Mit dem Hanswurst blinde Kuh;
Hanswurst darf, wenn sie sich jagen
Jetzt sogar zwei Hörner tragen,

Weil Alfred, so glaubt er fest,
Ihn ins Leere laufen läßt;
So war Alfred am frohlocken,
Drauf fing Hanswurst an zu bocken:

Wenn ich stets ins Leere lauf,
Gebe ich die Sache auf;
Das steht völlig außer Frage
Rief Alfred, hör was ich sage.

Eine weitere Chance kriegst Du,
Bleib die Kuh, und ich mach muh,
Dann kannst du mich leichter orten
Oder auch mit andern Worten,

Sperr die Ohrn auf, Du mußt hören,
An dem Blindsein Dich nicht stören;
Es ging los, der Alfred muhte,
Die Idee war keine gute,

Denn Hanswurst vor Wut entbrannt,
Kam auf Alfred losgerannt,
Gar nichts konnte ihn mehr halten,
Und er rannte um den Alten.

Haarscharf ging am Bauch vorbei
Hanswursts Horn, ein lauter Schrei,
Alfred will, man kann's verstehen,
Keine blinde Kuh mehr sehen.

Ein heilig Wort

K. traute Aug' und Ohren nicht,
Hörte die Engel singen,
Sie wollten, in der Hand ein Licht,
Ihm diese Botschaft bringen:

»Wer immer strebend sich bemüht,
Den werden wir erlösen«,
Da rief Herr K., oh Gott behüt,
Ich werde niemals dösen.

Ich strebte doch ganz zweifellos
Sehr intensiv zeitlebens
Und machte eine Menge Moos,
Also auch nicht vergebens.

Solang mein Herz schlägt in der Brust,
Ihr solltet selber schauen,
Werd ich in jedem Jahr mit Lust
Ein Bockwursthaus neu bauen.

So streb ich weiter immerfort
Und mahn Euch, ein Versprechen
Von Engeln ist ein heilig Wort,
Ihr dürft es niemals brechen.

Der erloschene Götterfunken

Freude schöner Götterfunken
Wurd erstickt von Alfred Kack,
Wie tief ist er bloß gesunken,
Er verdarb uns den Geschmack

Im Elisium zu weilen,
Der Gedanke schon daran,
Läßt mit Schaudern uns enteilen,
Derart widert er uns an.

Wo von Ehr' der letzte Funken
Mit dem Tritt von K. erlischt,
Was erlogen und erstunken,
Wird als Wahrheit aufgetischt.

Wo ein K. greift nach den Sternen,
Sieht als Nabel sich der Welt,
Um das Gute zu entfernen,
Der fest in den Händen hält

Triumphierend seine Scheine,
Macht die Menschen damit blind,
Die wie Hunde an der Leine
Willenlos ergeben sind.

Seid umschlungen Millionen,
Hab ich euch in meinem Sack,
Werd den neuen Mensch ich klonen,
Singt mit seinem Chor Herr Kack.

Lederstrumpf

K., er stapfte durch die Sümpfe
In dem schönen Florida,
Trug aus Leder dicke Strümpfe,
Man rief: Lederstrumpf ist da!

Daß er Lederstrumpf geheißen,
Freute K. nun wirklich sehr,
Schlangen sollten ihn nicht beißen,
Nun erreichte er weit mehr.

Damals war im wilden Westen
Lederstrumpf ein echter Held,
Einer der charakterfesten,
Ihm nun wurd er gleichgestellt.

Lederstrumpf, den kannte jeder,
Der war ein berühmter Mann,
K. beschloß, den Strumpf aus Leder
Zieh ich auch in Deutschland an.

Denn auch dort da gibt es Sümpfe,
Welche, sag ich lieber nicht,
Doch dann hab ich noch mehr Trümpfe
Bei dem hohen Landgericht.

Lederstrumpf in Hamburg

Alfred K. verließ den Sumpf
Floridas als Lederstrumpf,
Und als dieser kam er dann
Voller Stolz in Hamburg an.

Er stieg aus dem Flugzeug aus,
Ein gewaltiger Applaus,
Sicher fünf Minuten lang,
War ein herrlicher Empfang.

Dann Musik mit viel Tamtam,
Recht so, alle standen stramm,
Vorn natürlich Hamburgs Creme,
K. rief: Stehen Sie bequem,

Hamburg hat als weitren Trumpf
Einen echten Lederstrumpf,
So hab ich, wohl nicht zuletzt,
Noch ein Zeichen hier gesetzt.

Dann setzte mit grellem Schein
Das Lichtblitzgewitter ein,
Und der Rest, wir werden sehn,
Dürfte in der Zeitung stehn.

Alfred der Weihnachtsmann

Es war wieder mal so weit,
Daß die schöne Weihnachstzeit
Auch in Alfreds Haus begann,
Hanswurst zeigte, was er kann.

Er hat das Hotel geschmückt,
Schaute danach ganz verzückt
Auf den großen Weihnachtsbaum,
Lichterglanz, ein wahrer Traum.

Fragte drauf beim König an,
Kommt denn auch der Weihnachts-
mann,
Es wär wirklich wunderschön,
Ihn beim Weihnachtsfest zu sehn.

König Alfred sagte knapp,
Warten wir das einmal ab,
Dachte dann, warum auch nicht,
Ich hab dafür das Gesicht,

Außerdem auch die Statur,
Fehlt der lange Bart mir nur,
Und den klebte er sich an
Als zu feiern man begann.

Schulterte dann Huckepack
Einen riesengroßen Sack,
Hanswurst wurde reich beschenkt,
Weil mit Speck man Mäuse fängt.

Nur der König hat gefehlt,
Das hat Hanswurst doch gequält,
Ja, es war schon allerhand,
Alfred der blieb unerkannt.

Später hat er nicht gewußt,
Was er wirklich wissen mußt,
Und so glaubte er fortan,
Er wär echt ein Weihnachtsmann.

Partnerlook mit Zöpfen

König Alfred war mitunter
Recht betrübt und gar nicht munter;
Hanswurst fragte: Was ist los?
Ach, es ist das Alter bloß.

Es zehrt an uns mit den Jahren,
Das siehst Du an meinen Haaren,
Sie falln aus und sind schon grau,
Manchmal fühl ich mich ganz flau.

Da fing Hanswurst an zu denken,
Wie könnt ich dem König schenken,
Wieder neuen Lebensmut,
Und er sprach: Es wär doch gut,

Wenn wir beide uns nicht zierten
Und den Partnerlook probierten,
Wie wär's, wenn wir hinterm Kopf
Tragen jeder einen Zopf?

So ein Zopf, Sie werden sehen,
Dürft Ihnen phantastisch stehen,
Läßt Sie aussehn schön und jung,
Gibt Ihnen gleich neuen Schwung.

Und tatsächlich für die Köpfe,
Kaufte Alfred lange Zöpfe,
Ja, man war des Lobes voll,
Dieser Zopf steht Ihnen toll.

Doch die Zeit, sie blieb nicht stehen,
Da war's um den Zopf geschehen,
Ich trag keinen alten Zopf,
Alfred nahm ihn ab vom Kopf.

Alfreds Werbung

Alfreds Werbung ist genial,
Jeder hörte sie schon mal:
Hast Du Hunger, keinen Durst,
Immer brauchst du Alfreds Wurst!

Hast zwei Würste Du gegessen,
Ist der Hunger schon vergessen,
Und stattdessen, das gefällt,
Hat der Durst sich eingestellt.

Dann gibt es in Alfreds Schänke
Für den Durst auch die Getränke,
Und es wär doch wohl gelacht,
Wenn das keinen Hunger macht.

Sehr gesund ist die Tomate,
Deshalb gibt es auch Salate,
Ja, in diesem Wechselspiel,
Kommt Alfred zu seinem Ziel,

Nämlich mit den Umsatzmengen
Alle andern abzuhängen,
Und daß, wenn man diese mißt,
Alfred stets der Größte ist.

Alfred und Hanswurst am Trapez

Alfred meinte, ohne Fez,
Wie im Zirkus am Trapez,
Würde mir schon Freude bringen,
Damit hin und her zu schwingen.

Und in meinem großen Saal
Wäre Platz doch allemal,
Schwingt man so am frühen Morgen,
Sind vergessen alle Sorgen,

Man kriegt in der Frühe schon,
Täglich seine Kondition,
Ich denk nicht an Überschläge,
Dafür bin ich doch zu träge.

Finde aber keine Ruh,
Hanswurst, was sagst du dazu?
Nun, ich hätte nichts dagegen,
Wenn Sie das Trapez tief legen,

So daß mit dem Fuß ganz leicht,
Man den Boden noch erreicht,
Dann könnten wir beide schwingen
Und dabei noch fröhlich singen.

Hanswurst, das ist die Idee,
Wie ich uns schon schwingen seh,
Ich kann es jetzt kaum erwarten,
Daß wir beide damit starten.

König ohne Schimmer

Ist was los in Alfreds Haus,
Hält sich Alfred stets fein raus,
Und dann sagt der König immer,
Ich hab keinen blassen Schimmer.

Für den Schimmer, das muß sein,
Stellt ich meine Leute ein;
So bleibt er der Schimmerlose
Mit der heilgen Symbiose.

Und der wunderbare Schein,
Stellte sich von selber ein,
Denn der König hat wie immer
Wirklich keinen blassen Schimmer.

Wie der heilge Schein entstand,
Grad so wie im Märchenland,
Wo die Guten Geister helfen
Mit den zauberhaften Elfen.

Doch der König trägt ein Licht
Auf dem Haupte, das brennt nicht,
Sollte sich das Licht erhellen,
Öffnen sich Erkenntnisquellen.

Der Gedanke, welch ein Graus,
Wie nun redet er sich raus;
Deshalb sagt der König immer,
Man lebt besser ohne Schimmer.

Hildegard trägt keinen Bart

König Alfred der Galante
War zu Gast bei seiner Tante,
Sprach: Oh Tante Hildegard,
Seit wann trägst du einen Bart?

Da war seine Tante sauer,
Alfred schau doch hin genauer,
Kam so richtig dann in Fahrt,
Ich trug niemals einen Bart.

Was man säh, wär eine Flechte,
Die ihr großen Kummer brächte,
Deine Art war gar nicht nett,
Doch Du kriegst schon noch Dein Fett.

Ich las von der Symbiose,
Sitzt bei Dir ´ne Schraube lose,
Du trägst jetzt den Heilgenschein,
Neffe Alfred, muß das sein?

Alfred, was machst Du für Sachen,
Man wird über mich wohl lachen,
Wenn ich in den Himmel komm,
Denn ich bin ja wirklich fromm.

Nein, Du solltest Dich bescheiden,
Ich kann so was gar nicht leiden,
Unterliegst Du einem Zwang,
Woher dieser Geltungsdrang?

Alfred, mir will etwas schwanen,
Denke ich an unsre Ahnen,
Ja, der Oheim Anatol,
War ein Freund vom Alkohol.

Als zur Neige ging sein Leben,
War von Geistern er umgeben,
Wurde dann, soweit bekannt,
Nur Sankt Spiritus genannt.

Alfred, Du musst Dich besinnen,
Fange ja nicht an zu spinnen,
Ich hoff, daß wir uns verstehn,
Dann bis bald, auf Wiedersehn.

In der Schnelle liegt die Stärke

Alfred sagt, gut Ding hat Weile,
Trotzdem war er heut in Eile,
Scheuchte, es war nicht normal,
Hin und her sein Personal.

Sprach: Wir müssen Leistung bringen,
Selbst der Hanswurst sollte springen,
Und dem wurde es zu bunt,
Deshalb tat er höflich kund:

Ich bin nicht für Langeweile,
Doch mein König, diese Eile
Über viele Stunden lang,
Macht mich wirklich schon ganz krank.

Ich gedenke Ihrer Worte,
Erst verkündet hier am Orte:
In der Ruhe liegt die Kraft,
So hab ich mein Ziel geschafft.

Das ist richtig aber merke,
In der Schnelle liegt die Stärke,
Und ergänzte voller Huld,
Immer hilft nicht die Geduld.

Denke nur an unser Springen,
Mein Sprung konnte nur gelingen,
Weil ich schnell zum Absprung lief,
Bei Dir ging es daher schief.

Lerne also drum beizeiten,
Jedes Ding, das hat zwei Seiten;
So zog Hanswurst wieder ab,
Nicht im Laufschritt, doch im Trab.

König Alfreds Doktorhut

König Alfred muß nicht huschen
Hinter Damen zu den Duschen,
Nein, da sei der Hanswurst vor,
Er hat stets ein offnes Ohr;

Wollte König Alfred plauschen,
Konnte er geduldig lauschen,
Besser wohl als jede Frau,
Denn der Hanswurst wußt genau,

Was der König hören wollte,
Wenn er Antwort geben sollte;
So zum Beispiel grade jetzt,
Schien der König tief verletzt.

Wollt für sich die Doktowürden,
Doch zu hoch warn hier die Hürden,
Und er meinte, so ein Hut
Ständ ihm ganz besonders gut.

Ja, die Hochgelehrten pennen,
Würden ihn nicht anerkennen,
Seinen wahrhaft großen Geist,
Der ganz neue Wege weist.

Da sprach Hanswurst: Diese Neider
Gibt es immer wieder, leider,
Fassen Sie nur frischen Mut,
Sie bekommen Ihren Hut.

Ich denk an den Konsul Weyer,
Kostenpunkt drei goldne Eier,
Kriegen so den Hut im Nu,
Einen Orden noch dazu.

Doch ich gebe zu bedenken,
Mag der Hut auch Freude schenken,
Eine Krone mit dem Hut
Steht Ihnen bestimmt nicht gut.

Drauf der König: Oh, Mensch Meier,
Ich behalte meine Eier,
Hanswurst, sicher hast Du recht,
Und Dein Rat war gar nicht schlecht.

Wem die Stunde schlägt

König Alfred meint, im Grunde
Lebt der Mensch von Stund zu Stunde,
Denn ihm fiel gerade ein,
Jede könnt die letzte sein.

Und das hat er mit den Jahren
Auch um sich herum erfahren,
Seit geraumer Zeit bis jetzt,
Hat der Kahlschlag eingesetzt.

Wurden erst die Menschen älter,
Wird für sie die Zeit auch kälter;
Alfred sagt, der Jugendkult
Trägt zum großen Teil die Schuld.

Doch er hat den starken Willen,
Und so schluckt er täglich Pillen,
Weil er schon ganz gern vergißt,
Daß das Leben endlich ist.

Liebt es, mit den großen Zielen,
So auch weiterhin zu spielen,
Und dabei recht merklich schon,
Wackelt ab und zu sein Thron.

Doch sei er auch höchst vermessen,
Bald schon ist er selbst vergessen,
Wenn er sich noch so verrenkt,
Es ist später als er denkt.

König Alfred hat die Regel

König Alfred aus Germanien
Sprach: Ich hole die Kastanien
Immer wieder aus dem Feuer,
Und mein Rat ist gar nicht teuer.

Um sich hier nicht zu verbrennen,
Muß man nur die Regeln kennen,
Dir Hanswurst, bereit zu Taten,
Werde ich sie gern verraten.

Soll Dein Tun dem König nützen,
Werde ich Dich immer schützen,
Doch verbinde stets Dein Streben
Mit dem reinen Heilserleben.

Du kannst für mich andre treten,
Mußt im Anschluß daran beten,
Deine Taten tief bereuen,
Das wird unsren Herrn erfreuen.

Wenn wir beide so beizeiten,
Uns aufs Jenseits vorbereiten,
Können wir auch dort besetzen,
Zwei von den begehrten Plätzen.

Alfred K. ein echter Zwitter

Alfred K., der edle Ritter,
War in Wirklichkeit ein Zwitter,
Denn wenn er so edel ritt,
Ritt auch seine Einfalt mit.

An der Einfalt, die ihm eigen,
War nichts Edles aufzuzeigen,
Sie gereichte nicht zur Ehr,
Denn er wirkte hohl und leer,

Wenn er Klugheit ließ vermissen,
Dieses schob auf wenig Wissen,
Wissen, das ihm unbekannt,
Wegen Trägheit im Verstand.

Sich darauf zurückgezogen,
Falsch behauptet und gelogen,
Ob bedacht, ob unbedacht,
Was kein edler Ritter macht.

So mag er zwar edel reiten,
Doch wir brauchen nicht zu streiten,
Was er tat, fällt ins Gewicht,
Edel ist der Ritter nicht.

Hanswurst kann die Wurst nicht halten

Hanswurst sprach zum K., dem alten,
Ich kann meine Wurst nicht halten,
Denn sie ist ja viel zu heiß,
Alfred drauf, Hanswurst ich weiß,

Du mußt einfach kräftig pusten,
Nein dann fang ich an zu husten,
Hanswurst stell Dich nicht so an,
Du bist doch kein Hampelmann.

Hanswurst hielt die Wurst ganz lose,
Da fiel sie auf seine Hose;
Das sah nun ein großer Hund,
Und die Sache ging gleich rund.

Sprang hinzu, um sich zu schnappen,
Diesen wunderbaren Happen;
Hanswurst aber schaute dumm,
Stürzte mit dem Stuhle um.

Wie er auf den Boden knallte,
Nun sein lautes Schrein erschallte,
Lag der Hanswurst in dem Dreck,
Hund und Wurst, die waren weg.

König Alfred aber lachte,
Hanswurst fluchte, und er dachte,
Hab den Schaden, oh mein Gott,
Alfred sorgt nun für den Spott.

<u>König Alfred denkt</u>

König Alfreds Kraftgerät
Wurd gewartet viel zu spät;
Alfred meinte, mit den Jahren,
Könnt man hohe Kosten sparen,

Denn die Wartung kostet Geld,
Und das Kraftgerät das hält;
Waren Seile auch zerschlissen,
Alfred wollt es besser wissen,

Gaben Gäste schon Alarm,
Holten sich den Tennisarm,
Sprach Alfred: Ich werd beweisen,
Dieses Seil, es hält das Eisen.

Und so machte er sich dran,
Zog die Stange zu sich ran,
Immer wieder hoch und runter,
Alfred wurde richtig munter.

Doch dann plötzlich kam der Knall,
Von dem Eisen schwer der Fall;
Alfred wurd hinabgerissen
Und saß da mit seinem Wissen.

Seine Schulter ausgerenkt,
Wie er in den Seilen hängt;
Daß ihm zu viel Wissen schadet,
Hat er diesmal ausgebadet.

Wenn der Mensch noch so viel denkt,
Wird vom Schicksal er gelenkt,
Und der König hoch an Jahren,
Hat's am eignen Leib erfahren.

Alfreds Pferdeverstand

Alfred meint beim Pferderennen
Könnte er gewinnen nur,
Würd ein gutes Pferd erkennen,
Hätt vom Pferd selbst die Natur.

So sah er sich vor dem Rennen
Ganz genau die Pferde an,
Um dann jenes zu benennen,
Das als einzges siegen kann.

Setzte einen großen Batzen,
Und die wilde Jagd ging los,
Sollten seine Träume platzen,
Wo blieb Alfreds Pferd denn bloß?

Alfred mochte schreien, fluchen,
Sein Pferd das lief hinterher,
Er wollte den Fehler suchen,
Sah sein Geld jedoch nicht mehr.

Dann auch bei dem nächsten Laufe
Hat erneut das Pferd versagt,
Wie ich Hanswurst das verkaufe,
Hat sich Alfred da gefragt.

Hanswurst spitzte seine Ohren,
Nun, wie hoch war der Gewinn?
Diesmal habe ich verloren,
Doch mein Lieber, immerhin

Hab Erfahrung ich gewonnen,
Das ist schließlich auch was wert,
Wie gewonnen, so zerronnen,
Also was ist dran verkehrt?

Nun sprach Hanswurst ziemlich offen,
Das ist wirklich allerhand,
Haben Sie, ich will's nicht hoffen,
Von dem Pferd jetzt den Verstand?

Schuster bleib bei Deinen Leisten

Sind die Kühe wieder trächtig,
Freut sich jeder Bauer mächtig;
Doch der Mensch in Niedertracht,
Hat nur Leid hervorgebracht.

Alfred K. hatte als Bauer,
Vor dem Kopf nicht Brett noch Mauer,
War in seiner Bauerntracht
Immer sehr darauf bedacht,

Seinen Mitmenschen zu achten,
Ihn genauer zu betrachten;
Sagte, weil er Bauer wär,
Ständ er ein für Recht und Ehr.

Später als er aufgestiegen,
Blieb wohl auf dem Acker liegen
Diese Einsicht, der Verstand,
Jedenfalls ist uns bekannt,

Daß als König er wurd leider
Dann zu einem Ehrabschneider,
Und so machte er hier nur,
Eine klägliche Figur.

Gilt für ihn, wie für die meisten,
Schuster bleib bei Deinen Leisten;
Als ein Bauer warst Du wer,
Weniger ist manchmal mehr!

Alfred mit Helm

Alfred trägt jetzt zur Gymnastik
Einen großen Helm aus Plastik,
Meint, den würde er gebrauchen,
Um den Kopf sich nicht zu stauchen,

Wenn er ausrutscht und dann fiele
Auf die harte Bretterdiele;
Auch sein Hanswurst würde meinen,
Schonen Sie den Kopf, den feinen,

Denn es wäre doch zum Heulen,
Bekäm dieses Prachtstück Beulen;
Außerdem, man könnt es sehen,
Würde ihm der Helm gut stehen.

Würde er den Helm nicht tragen,
Könnte man womöglich sagen,
Er wär auf den Kopf gefallen,
Er der klügste Mann von allen.

So kann Alfred ohne Schaden
Täglich trimmen seine Waden,
Denn ein Schaden in dem Dache,
Wär schon eine üble Sache.

Voller Mund ist ungesund

König Alfred ist am Fluchen,
Er hat sich verschluckt am Kuchen,
Hanswurst drauf: Das mußt so kommen,
Wird der Mund zu voll genommen,

Fallen Krumen in den Rachen,
Und da gibt es nichts zu lachen;
Das mußt grade Hanswurst sagen,
Alfred packte ihn am Kragen,

Du mit Deinem großen Munde,
Bringst mir eine solche Kunde;
Du mußt Deinen König achten,
Mit Bewunderung betrachten,

Und nicht lockre Reden führen,
Die sich wahrlich nicht gebühren;
Du kannst unsre Gäste treten,
Das hab ich mir nie verbeten,

Du kannst wirklich alles machen,
Ich denk an die krummen Sachen,
Doch hör zu, ich werd Dich lehren,
Deinen König nicht zu ehren.

Der großartige Alfred

Alfred K. saß im Lokal,
Soweit war das ganz normal,
Doch als dann der Ober kam,
Rief er: Sein Sie nicht so lahm.

Sehn Sie mal genauer hin,
Wissen Sie nicht wer ich bin?
Nein? Das ist ja allerhand,
Man kennt mich im ganzen Land,

Und Sie werden nicht mal rot,
Sind nicht nach Gebühr devot,
Ich bin König Alfred Kack,
Nun, mir scheint, jetzt macht es klack,

Sind Sie endlich aufgewacht,
Mann, dann geben Sie gut acht:
Neben mir das ist Hanswurst,
Und wir haben beide Durst.

Bringen Sie uns schnellstens Wein,
Doch der beste muß es sein,
Und jetzt ab im schnellen Lauf,
Sonst kauf ich den Laden auf,

Daß wir uns nur recht verstehn,
Dann können Sie wirklich gehn;
Schau nur Hanswurst, sieh Dir an,
Wie der plötzlich rennen kann!

Kleiner Mann im Ohr

Aus des König Alfreds Ohr
Schaut ein kleiner Mann hervor,
Wenn der König in der Wut
Haut dem Hanswurst auf den Hut.

Oder auch, wenn er wie wild,
Mit den Untertanen schilt,
Wenn er wieder einmal flucht
Und den schwarzen Peter sucht.

Wenn er eine Predigt hält,
Dabei wie sein Dackel bellt,
Weil der Umsatz, welch ein Mist,
Doch noch eingebrochen ist.

Wenn er sagt, sein heilger Schein,
Zeigte uns sein wahres Sein,
Wenn er meint, mit seinem Geld
Wär er übers Recht gestellt.

Und für die Gerechtigkeit
Hätt er leider keine Zeit,
Wenn er denkt, in seiner Stadt
Macht er einfach jeden platt,

Der dem König widerspricht,
Denn das mag er wirklich nicht,
Doch er hat, man warnt davor,
Einen kleinen Mann im Ohr.

König Alfreds alte Leier

Spricht der Alfred noch so cool,
Es reißt niemanden vom Stuhl,
Denn er sagt ja selbst, mitnichten
Hab ich Neues zu berichten.

Und so kommt der Gute nur,
Immer auf die gleiche Tour,
Auch die Zofe, Lilly Meier,
Stöhnt, oh weh, die alte Leier.

Wenn der König Alfred spricht,
Ist ein Ende nicht in Sicht,
Mag er seine Leute strafen,
Sie sind wieder eingeschlafen.

Deshalb bietet sich doch an,
Als Belebung für den Mann,
Wenn er die Naturgewalten
Im Verborgnen kann nicht halten,

Hierauf auch mal einzugehn
Und die Kehrseite zu sehn,
Statt ihm, mag es ihn auch zieren,
Honig um den Bart zu schmieren.

Das Bild als Schild

Was führt Alfred K. im Schilde,
Wieder ist er groß im Bilde,
Doch genauer, er ist bloß
Wieder auf dem Bild ganz groß.

Denn betrachten wir es milde,
War Herr K. jemals im Bilde
Oder hat, was F. erdacht,
K. zu eigen sich gemacht.

Das würd manches wohl erklären,
Doch gereicht es nicht zu Ehren;
Diese stellen sich erst ein
Im verantwortlichen Sein.

Diesbezüglich fehlt ein Wissen,
Das bei K. wir sehr vermissen,
Nur die Richter, voller Huld,
Sagen es ist schlichtweg Kult,

K. groß auf dem Bild zu sehen,
Deshalb ahndet ein Vergehen
Man bei ihm ganz einfach nicht,
Es fällt gar nicht ins Gewicht.

Da ist es nicht schwer zu spüren,
Was K. könnt im Schilde führen;
Er will ständig selbst aufs Bild,
Denn das schützt ihn wie ein Schild.

Der K.-Motor

Liebe Leute seht Euch vor,
K. entwickelt den Motor,
Der im Land soll Einzug halten,
Um es ganz neu zu gestalten.

Er treibt die Maschine an, 1)
Die sich K. zuerst ersann;
Damit kann man gründlich fegen,
Alle Quellen trockenlegen,

Die verströmen einen Geist,
Menschenwürdig, wie es heißt,
Der befördert nur ein Denken,
Das von Arbeit würd ablenken.

Zu stark dröhnt noch der Motor,
So ein lauter Ton am Ohr,
Könnt den Widerstand verstärken,
Und man soll erst gar nicht merken,

Wie der Wandel sich vollzieht,
Was der Mensch nicht hört und sieht,
Läßt ihn auch nicht aufbegehren,
Gegen die Reform sich wehren,

Und nach einem leichten Tritt,
Zieht dann schließlich jeder mit;
Dafür macht K. Überstunden
Bis der Durchbruch ist gefunden.

1) »Erlebnisse im Hotel« Band IV
Die K.-Maschine, S. 107

<u>Der rechte Ton</u>

Gestern sang Herr K. mal wieder
Eines seiner Lieblingslieder;
Bei der ersten Strophe schon
Fand er gleich den rechten Ton.

Liebe Leute laßt Euch sagen
Sehr schwer ist mein Los zu tragen,
Doch die Arbeit macht mich froh
Und Euch sicher ebenso.

Wenn wir höchste Leistung bringen,
Dann kann unser Werk gelingen,
Deshalb ist die beste Kur
Arbeiten rund um die Uhr.

Pausen sind hier nicht vonnöten,
Zuviel Zeit geht dadurch flöten,
Und der Leitspruch, Zeit ist Geld,
Hält zusammen unsre Welt.

Geld zählt zu den schönsten Gaben,
Jeder von uns möcht es haben,
Euer Arbeitgeber lenkt
Jeden, sei er auch beschränkt.

Verstörte Liebschaft

Alfreds Liebschaft war verstört,
Hanswurst hatte laut geröhrt;
Sollt sein Ruf ihr vielleicht zeigen,
Daß er sie wollt auch besteigen?

Da blieb ihr doch glatt vor Schreck
Fast die Luft zum atmen weg,
Und was man sonst gar nicht kannte,
Plötzlich war sie es, die rannte

Hin zum Zimmer von Alfred,
Und sie rief laut, kommt und seht,
Hanswurst ist erneut am Röhren,
Wollte mich damit betören.

Hanswurst, Himmel, Arsch und Zwirn,
Was hast du denn nur im Hirn,
Röhrst und glaubst die Kunigunde
Ist bereit zur Schäferstunde.

Komme nicht in mein Revier,
Kunigunde gehört mir;
Sie war wirklich sehr zufrieden,
So wie Hanswurst wurd beschieden.

Später mit Hanswurst allein,
Lenkte Alfred sogleich ein:
Hanswurst glaube nicht, Dein Röhren
Würd mich im geringsten stören.

Röhrst Du so, daß sie verschwindet,
Weil sie keine Ruhe findet,
Wär ich Kunigunde los,
Also Hanswurst röhre bloß!

Das Meisterstück

Alfred sprach: Es gilt beizeiten
Unsren Umsatz auszuweiten,
Deshalb Hanswurst überleg,
Vielleicht findest Du den Weg.

So fing Hanswurst an zu denken,
Gar nichts konnte ihn ablenken,
Tags drauf, nach durchdachter Nacht,
Hat es bei ihm Klick gemacht.

Würste hatten sie, die losen,
Doch noch keine in den Dosen,
Also damit kurbelt man
Garantiert den Umsatz an.

Man müßt nur noch richtig werben
Mit dem Spruch, so einem derben,
Das schien gar nicht leicht zu sein,
Doch Hanswurst fiel etwas ein.

Soweit war das gut gelaufen,
Nun mußt er sie noch verkaufen
Die Idee, K. war ganz Ohr,
Hanswurst trug wie folgt sie vor:

»Was der Kack ist in der Hose,
Ist die Knackwurst in der Dose,
Nämlich eine Königin«,
Alfred das macht wirklich Sinn.

König Alfred der Famose
Schlug sich freudig an die Hose,
Hanswurst, welch ein Meisterstück,
Das ist toll, wir sind im Glück.

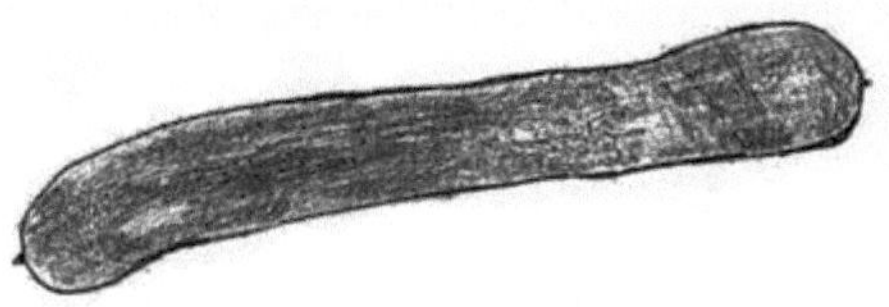

Die neue Konzeption

Mit der Werbung, seiner losen,
Für des Königs Wurst in Dosen,
Kam der Hanswurst ganz groß an,
Alfred sprach: Du bist der Mann

Dessen zündende Ideen
Für Bestand und Fortschritt stehn;
Du wirst auf dem Werbesektor
Unser Kreativdirektor.

Kurz drauf hatte Hanswurst schon
Eine neue Konzeption,
Und tatsächlich, sie gefiel,
Denn sie hatte wirklich Stil.

In der Zeitung konnt man lesen,
König Alfred ist's gewesen,
Er entdeckte nicht zu spät
Hanswursts Genialität.

Und natürlich, das war klar,
Folgte noch ein Kommentar:
Oben rein und unten raus,
So wirbt unter viel Applaus
König Alfreds Bockwursthaus.
Oben rein steht für Genuß,
Dann kommt der Prozeß in Fluß,
Und er endet, wenn man muß.

König K. auf dem Block

Alfred K. saß auf dem Block
Vorm Hotel im kurzen Rock,
Denn er hatte einen Spleen,
Immer wenn die Sonne schien,

Wechselte er seinen Rock
Und lief schnell zu seinem Block;
Streichelte der Sonnenschein
König Alfred übers Bein,

Förderte das unbewußt
Wieder seine Manneslust,
Und er sagte, also doch,
Sieh mal an, es geht ja noch.

Jeder wußte, dieser Block
Für Herrn K. im kurzen Rock
Stand nur ihm alleine zu,
War für andere tabu.

Somit geht wohl dieser Stein
Mal in die Geschichte ein,
Mit der Inschrift: Auf dem Block
Saß Herr Herr K. im kurzen Rock.

König Hanswurst

König Alfred saß nun schon
Ziemlich wacklig auf dem Thron,
Und so dachte er mitunter,
Nicht mehr lang und ich fall runter.

Schau ich mir den Hanswurst an
Frag ich mich, wär er der Mann,
Der mich könnte hier ersetzen,
Fällt mir schwer, dies einzuschätzen.

Er bezeugt zwar stets aufs neu,
Daß er sei von Herzen treu
Und sogar bereit, sein Leben
Für das meine hinzugeben.

Doch so sicher bin ich nicht,
Ob er auch die Wahrheit spricht;
Mir ist oft zu Ohrn gekommen,
Daß er dummdreist sich benommen;

Tat so, und das stört mich sehr,
Als ob er schon König wär.
Auch sein Umgang mit den Frauen
Fördert nicht grad mein Vertrauen,

Sieht er einen kurzen Rock,
Wird er scharf der geile Bock;
Da gibt es noch große Hürden
Auf dem Weg zu Königswürden.

Der Gernegroß

Hanswurst wär so gerne groß,
Doch er reicht dem König bloß,
Nun, ich meine immerhin,
Grade mal bis an das Kinn.

Braucht deshalb nicht traurig sein,
Fällt uns manches Beispiel ein,
Wo ein Mann mit kurzem Wuchs
Überragte andre flugs,

Durch die Kraft und den Verstand,
Den bei Hanswurst ich nicht fand,
Und auch eher eine Kraft,
Die mit Arglist Unheil schafft.

Die Beschreibung: Kurz und klein,
Zeigt Hanswurst in seinem Sein,
Nur das Mundwerk sticht hervor,
Reicht bei ihm von Ohr zu Ohr.

Und man weiß, meist ist was faul,
Hat der Mensch ein großes Maul;
Legt der Hanswurst richtig los,
Sieht man ihn, den Gernegroß.

Alfred frißt doch keinen Besen

Eher freß ich einen Besen,
Als noch ein Gedicht zu lesen
Von dem mir so treuen Gast,
Dem ich drohen ließ mit Knast,

Wenn er würde weiter schreiben,
Verse über mich vertreiben;
Ich mag die Gedichte nicht,
Auch wenn er die Wahrheit spricht;

Oder eben grad deswegen,
Denn es kommt mir ungelegen,
Daß die ganze Welt erfährt,
Was ich machte einst verkehrt.

Ich hört auf den Advokaten,
Schließlich hat er mich beraten
Und mir glaubhaft fest beteuert,
Dieser Gast er sei bescheuert,

Nur ein Würstchen, das wie Mücken,
Er könnt in der Hand zerdrücken;
Und die Richter, gar nicht schlecht,
Gaben ihm dabei auch recht.

Doch der Gast er schreibt noch im-
mer,
Ganze Bücher, immer schlimmer,
Ich verlier noch mein Gesicht,
Wo bleibt jetzt das Landgericht?

So des König Alfreds Worte,
Doch zählt er zu jener Sorte
Menschen, die im Ernst geruhn,
Was sie sagen, auch zu tun?

Nein, er wird aus Neugier lesen,
Und frißt sicher keinen Besen,
Weil ein Besen ab und an
Die Verdauung stören kann.

Wenn der König Alfred wüßte

Wenn der König Alfred wüßte,
Daß Hanswurst Gunhilde küßte,
Ja, ich weiß, ich mein nicht bloß,
Wär der Teufel richtig los.

Denn Gunhilde von der Mühle
War im Rausche der Gefühle,
König Alfreds Leidenschaft,
Sie verlieh ihm Manneskraft.

Die Gunhilde, sich zuweilen,
Mit dem eignen Hanswurst teilen,
Wahrlich, das geht doch zu weit,
Selbst in toleranter Zeit.

König Alfred war da eigen,
Und er sprach: Den Liebesreigen
Sollten tanzen immer zwei
Niemals aber derer drei.

Gäbs für ihn einen Rivalen,
Müßt der leiden Folterqualen,
Hanswurst weiß das, so gesehn,
Kann man ihn gar nicht verstehn.

Denn wenn König Alfred wüßte,
Daß Hanswurst Gunhilde küßte,
Wär klar, daß er fliehen müßte,
Schnell aus dem Hotel der Lüste.

Alfreds Harke

Alfreds ganz besondre Marke:
Er zeigt jedem eine Harke,
Damit keiner je vergißt,
Daß er Harkenkönig ist.

Dazu kommt noch seine Macke,
Als Emblem auf jeder Jacke,
Auf dem Hemd und auf dem Hut,
Meint er, wär die Harke gut.

Auch im Schloßeingang, im Parke,
Überall steht Alfreds Harke,
Und im Saal, vom großen Bild,
Lächelt Harkenkönig mild.

Bei Behörden und Gerichten
Kann man Alfreds Harke sichten,
Weil dort jeder sich verneigt,
Wenn er seine Harke zeigt.

In der Zeitung konnt man lesen,
Ja, die Welt, sie würd genesen,
Mit der Harke, uns zum Wohl,
König Alfred zum Symbol.

Gewußt wie

Du kannst mich mit Fragen quälen,
Doch ich werd Dir heut erzählen,
Wie ich fast im Handumdrehn
Ließ mein großes Reich entstehn.

So begann Alfred der Weise,
Und sein Hanswurst wurd ganz leise;
Oh, wie war die Spannung groß,
Und der König legte los:

Weißt Du Hanswurst, Schreiben, Lesen
Ist nie recht mein Fall gewesen,
Damit hab ich mich gequält,
Die Idee ist es, die zählt.

Ich denk noch dran, wie mein alter
Vater meinte, werd Buchhalter,
Das entspricht, wenn man Dich kennt,
Genau Deinem Temperament.

Die ersten Buchhaltungsstunden
Hab ich auch ganz nett gefunden,
Doch dann reifte mein Entschluß,
Daß ich das nicht haben muß.

Es fing an mit den Bilanzen,
Schon sah ich die Sterne tanzen
Vor den Augen, denn ich fand,
Daß ich gar nichts mehr verstand.

Da dacht ich, es ist bequemer,
Wenn ich werd ein Unternehmer;
Das genau war die Idee,
Weshalb ich so groß dasteh.

Hätt gehört ich auf den Alten,
Würd ich jetzt noch Bücher halten;
Wichtig ist, vergiß das nie
Hanswurst, immer gewußt wie.

Alfreds Stimme

Alfred spricht normalerweise
Sehr verhalten und auch leise,
Doch man hat es oft erlebt,
Daß sich seine Stimme hebt.

Dann ist Vorsicht wohl geboten,
Recht behutsam auszuloten,
Was ist los, was hat er jetzt,
Ist er vielleicht gar vergrätzt.

Es kann sein in solchem Falle,
Daß ihm überläuft die Galle,
Und beim Gallenüberfluß
Gibt's für alle stets Verdruß.

Hanswurst kennt das zur Genüge,
Ihm verraten Alfreds Züge,
Ob sich dieser gleich erregt
Oder sogar um sich schlägt.

Hanswurst zieht dann lieber Leine,
Schnell fort tragen ihn die Beine,
Er versteckt sich irgendwo,
Vorzugsweise auf dem Klo.

Wenn des Königs Wut verrauchte,
War es Hanswurst, der auftauchte,
Und er rief im Übermut,
Sie zu sehn, das tut so gut.

Sprung aus der Hose

König Alfred der Famose
Sprang vor Freude aus der Hose,
Als er von dem Urteil hörte,
Das den Gast zu Recht empörte.

Der darf ihn nun nicht mehr schmähen,
Wie die Richter das verstehen;
Alfred kann so weitermachen
Und sich schön ins Fäustchen lachen.

Was bei Alfred unverfroren
Aus der Lüge wurd geboren,
Wollte man bei den Gerichten
Mangels Wissen nicht gewichten.

Was er hätte wissen müssen,
Alfred könnt die Richter küssen;
Da erübrigt sich das Fragen,
Man muß ja und amen sagen,

Wenn Gerichte hier entscheiden,
Besser ist es, sie zu meiden,
Machen hohen Herrn Avancen,
Ziemlich schlecht stehn da die Chancen,

Für den Büger, den normalen,
Der soll büßen, der kann zahlen,
Wenn die richterlichen Schranzen
Artig mit dem König tanzen.

Die Krönung

Liebenswert sind zwei Gestalten,
Die ganz fest zusammenhalten;
Seitdem sich die beiden kennen,
Wollen sie sich nie mehr trennen.

König Alfred ist der eine,
Führt den andren an der Leine,
Doch aufgrund von deren Länge
Spürt der Hanswurst keine Zwänge.

So kann er sich frei entfalten
Neben Alfred, dem recht alten,
Und erhält vielleicht zum Lohne
Später sogar dessen Krone.

Sollte Alfred einst erkalten,
Wird er ihm die Hände falten;
Für ihn, der ihm lieb und teuer,
Geht bis dahin er durchs Feuer.

Und die Krone wär als Löhnung
Dann die absolute Krönung;
Hanswurst würd den guten Alten
Im Gedächtnis stets behalten.

Der Fünf-Sterne-Lord

Lord Kack war sehr aufgebracht,
Weil man Bilder nachgemacht,
Und er wollt bei seinen Werken
Jetzt den Druck deshalb verstärken.

Doch er meinte, das allein
Kann noch nicht die Lösung sein,
Denn es könnt den Fälschern glücken,
Auch so stark wie er zu drücken.

Jedoch, er fand einen Kniff,
Und mit dem ihm eignen Pfiff
Kriegt das Bild ein Markenzeichen,
Das sonst niemand kann erreichen.

Haargenau ins rechte Eck
Schießt er gleich fünf Sterne weg,
Und erhöht auf diese Weise
Für die Bilder noch die Preise;

Denn auf ein Fünf-Sterne-Bild
Sind die Leute richtig wild;
Lord Kack muß sich mächtig placken,
Kann jetzt große Brötchen backen.

Kurzschluß

Hat Alfred ein Rechtsproblem,
Das ihm nicht sehr angenehm,
Ist sein Leitspruch: Nicht verdrießen,
Schnell mit Schnurz sich kurz mal
schließen.

Denn der Schnurz als Advokat,
Sagt der König, ist auf Draht,
Und auch nicht zu zart besaitet,
Wenn er für die Krone streitet.

Stets verspricht der gute Schnurz,
Den Prozeß, ich mach ihn kurz,
Denn mein Motto heißt obsiegen,
Notfalls auch das Recht verbiegen.

Doch es scheint, daß nun zuletzt,
Schnurz sich in die Nesseln setzt,
Weil der sonst nicht faßbar glatte,
Selbst wohl einen Kurzschluß hatte.

So könnt's sein, daß Alfreds Tat,
Schnurz sei Dank, ein Nachspiel hat,
Das dann auch dem Recht zu Ehren
Wird für längre Dauer währen.

Kronprinz Hanswurst

Hanswurst war im Grunde schon
Scharf auf König Alfreds Thron,
Doch er konnte es nicht wagen,
Dies dem König anzutragen,

Denn der König, hart wie Holz,
War dazu noch viel zu stolz,
Seine Krone, hier im Leben,
Einem anderen zu geben.

Hanswurst aber fänd es nett,
Wenn er einen Titel hätt,
Wie könnt er, das war sein Sinnen,
Alfred nur dafür gewinnen.

Wenn er mich zum Prinzen macht,
Hat der Hanswurst sich gedacht,
Wär auf der Karriereleiter
Ich ein schönes Stückchen weiter.

Wie oft sagte Alfred schon
Hanswurst, du bist wie mein Sohn;
Er sollt ihn nicht Sohn nur nennen,
Sondern sich dazu bekennen.

Das genau war die Idee,
Doch der König sagte nee,
Kronprinz Hanswurst, dieser Titel
Ist ein späteres Kapitel.

Hanswurst auf dem Weg zum Thron

Für des Hanswursts Ambition
Später auf des Königs Thron,
Wollt der König nun beizeiten
Seinen Hanswurst vorbereiten.

Sprach: Du weißt, wie ich erfuhr,
Schadet zu viel Wissen nur,
Doch im Sport- und Kunstgestalten
Solltest Du Dich mehr entfalten.

Deshalb gehst Du, das muß sein,
Jetzt zum Sport-Gesangverein.
Ohne jedes Zeitverlieren
Begann Hanswurst zu trainieren,

Hat dem König, höchst erregt,
Bald sein Zeugnis vorgelegt;
Wirklich gut, die zwei im Singen,
Eine vier im weiten Springen,

Zieht den Wuchs man in Betracht,
Hat er das nicht schlecht gemacht.
Doch die fünf im Damenringen,
Er konnt keine Frau bezwingen,

Weil er, der ansonsten kühl,
Überwältigt vom Gefühl,
Sich und sie konnte nicht halten,
Und das ärgerte den alten

König Alfred wirklich sehr,
Denn wenn er mal König wär,
Müßt Hanswurst in allen Lagen
Jeden andern überragen.

Laßt uns König Alfred preisen

König Alfred wolln wir preisen,
Hat die Bockwurst uns gebracht,
Diesen wunderbaren Weisen,
Der damit viel Freude macht.

Liebe, sie geht durch den Magen,
Weiß der schlaue Alfred auch,
Kann dem Denken gern entsagen,
Zielt ab auf des Bürgers Bauch.

Das bracht ein ihm seine Krone
Und sogar den heilgen Geist,
Der im edlen König wohne,
Wie es in der Zeitung heißt.

Wenn wir solchen König haben,
Wurd auch vom Gericht erkannt,
Reich gesegnet mit den Gaben,
Ist das mehr wert als Verstand.

Was auch immer mag geschehen,
König Alfred meint es gut,
Dies erklärt, daß so gesehen,
Alfred niemals Unrecht tut.

Deshalb müssen wir ihn preisen,
Weil er soviel Gutes schuf,
Huld und Dankbarkeit erweisen,
Sind wir schuldig seinem Ruf.

Für den Arsch

Nun, ich habe es vernommen,
Mancher, der mein Buch bekommen,
Ist verständnislos gewesen,
Weshalb sollte er es lesen?

Jemanden zum Lesen bringen,
Kann nicht mit Gewalt gelingen,
Die als sinnlos wir betrachten
Und den freien Willen achten.

Doch weil wir es schade fänden,
Das Buch gar nicht zu verwenden,
War es ernstliches Bestreben,
Dafür einen Rat zu geben.

Somit möchten wir vorschlagen,
Es auf das WC zu tragen,
Und danach wird man erfahren,
Daß man Klopapier kann sparen.

Man muß jeweils nach dem Scheißen
Aus dem Buch zwei Seiten reißen,
Und so könnte man zum Nutzen,
Sich den Arsch damit abputzen.

Für die Arschkriecher

Nun Ihr Richter, ja, Ihr lieben,
Ich hab für den Arsch geschrieben;
Euer Urteil ist gewesen:
Auch ein Arsch darf das nicht lesen.

Und so mußtet Ihr verkünden,
Es zählt zu den großen Sünden,
Einen König, selbst den harschen,
Solchermaßen zu verarschen.

Die in seinen Hintern kriechen,
Werden hier nur Übles riechen;
Wer die reine Luft möcht fassen,
Sollt das Kriechen unterlassen.

Sich nicht wegen Ärschen streiten,
Um ins Unrecht abzugleiten;
Wollt dem Arsch Ihr was verbieten,
Wird der höchstens Euch was schieten.

<u>Ein schönes Ende</u>

Nunmehr schrieb ich schon zwei Bände,
Wär es nicht ein schönes Ende,
Statt desweitren scharf zu schießen,
Mit dem Arsch hier abzuschließen?

Schluß wärs mit dem
Zeitverschwenden,
Könnt mich anderem zuwenden,
Und somit, infolgedessen
Alfred, Hanswurst bald vergessen.

Doch so leicht geht das mitnichten,
Denn ich muß doch noch berichten
Von dem Oberstaatsanwalte,
Weil ich ihn auf Trab noch halte

Mit des Springermanns Geschichten,
Die er gründlich will nun sichten,
Um zu sehn, wird hier betrogen
Und an Eides Statt gelogen.

Was passiert, wenn die zwei Bände
Fallen in des Königs Hände?
Wird er den Verstand verlieren,
Muß ich wieder reagieren.

Sollt die Kerze er entzünden,
Um die Wahrheit zu verkünden,
Werd ich dies nicht unterschlagen,
Es gebührend auch vortragen.

Der Anfang vom Ende

Nichts ist mit dem schönen Ende,
Denn es heißt der König fände
Einfach keine Zeit zum Lesen,
Und mein Buch liegt auf dem Tresen

Zwischen allen den Geschenken,
Vielen kann man sich wohl denken,
Die er, meins nicht ausgenommen,
Hat zum Jubelfest bekommen,

Für die Freundschaft in zwei Jahren,
Die ich hab durch ihn erfahren,
Und so dürfen wir noch warten,
Unsre Bande, diese zarten,

Mit Bedacht und Sorgfalt pflegen,
Bis der Gute wird sich regen;
Also muß ich weiterschreiben,
Will ja auch in Übung bleiben,

Und ich habe unterdessen
Fast den Staatsanwalt vergessen;
Wahrlich, er ist nicht am Traben,
Möchte seine Muße haben,

Schließlich sind, das kann nicht langen,
Erst sechs Monate vergangen,
Seit mein Einspruch wurd erlassen,
Mit dem er sich soll befassen.

Nun, er braucht sich nicht zu sputen,
Das ist ihm nicht zuzumuten,
Doch die vorgelegten Bände
Sind der Anfang erst vom Ende.

Der dumme August

Wenn Du, was man sollte wissen,
Immer wieder läßt vermissen,
Sag ich, daß man, daß Du's weißt,
Dich den dummen August heißt.

Wenn der Alfred nun beflissen,
Leugnet ab sein gutes Wissen,
Will er, daß ein jeder denkt,
Daß er geistig wär beschränkt.

Was will er damit erzielen,
Diesen August nur zu spielen,
Der vom Grunde her ist dumm,
Alfreds Absicht, sie ist krumm;

Er denkt, daß auf diesem Wege,
Sich ergeben die Belege
Dafür, daß für seinen Mist,
Er verantwortlich nicht ist.

Und es stimmt, die Richter sagen,
Diesen Alfred zu verklagen,
Wäre in der Tat verkehrt,
Weil das Wissen er entbehrt.

Schnurzel packt die Wurzel

Als der König nahm vom Tresen
Mein Buch, um darin zu lesen,
Blieb ihm stundenlang vor Schreck
Erst einmal die Spucke weg.

Dann ist er zu Schnurz gelaufen,
Rief: Den Schnurz werd ich mir kaufen;
Lederte ihn gründlich ab,
So kam Schnurz ganz schnell auf Trab,

Um mit seinen Strafanträgen
Seine Streitkunst zu belegen;
Da fand Alfred seine Ruh',
Sprach zum Hanswurst: Hör mal zu;

Denk nur Hanswurst, unser Schnurzel
Packt das Übel an der Wurzel,
Er bringt den mißratnen Gast
Nun doch endlich in den Knast.

Hanswurst drauf: Wie ich mich freue,
Das gibt den Beweis aufs Neue,
Unser König hält im Land
Fest die Zügel in der Hand!

<u>Eine köstliche Geschichte</u>

König Alfred gab zum besten,
Daß einer von seinen Gästen
Würd an Schmutzhandtüchern
schnüffeln,
Wie die Schweine bei den Trüffeln.

Diese köstliche Geschichte
Trug er vor dem Landgerichte
Ohne ein genaues Wissen,
Doch der Richter war beflissen.

Meinte, da er es nicht weiß,
Gibt er kein Geheimnis preis;
Wenn ein Märchen er erfand,
Wär das üblich hier im Land.

Da möcht ich den Richter fragen,
Nun, was würden Sie wohl sagen,
Gäb er über Sie zum besten
Dies, ohne zuvor zu testen,

Ob sich das so zugetragen,
Würden Sie ihn nicht verklagen?
Hielten Sie, nun sei Sie ehrlich,
Ihn nicht für gemeingefährlich?

Jemand, der entehrt den Gast,
Weil ihm Kritisches nicht paßt,
Ihn in seiner Ehr verletzt
Und ihm einen Tritt versetzt,

Würden Sie ihn nicht enttarnen
Und die andren Gäste warnen,
Oder geben Sie dem Herrn
Dafür einen weitren Stern?

Der steife Alfred

König Alfred klagte wieder
Über seine steifen Glieder,
Und der Hanswurst nickte nur,
Sprach: Das liegt in der Natur,

Daß im Alter, in dem reifen,
Sich die Glieder stark versteifen;
Das macht aus den Unterschied,
Bei mir wird nur steif ein Glied,

Was ich keinesfalls bereue,
Nein, im Gegenteil, ich freue
Mich schon jedes Mal darauf,
Denn so ist des Lebens Lauf;

Ich bewundre Ihre Reife,
Auch wenn ich zur Zeit drauf pfeife,
Denn sie bringt mit sich den Frust,
Doch ich schätz die Lebenslust.

Und der alte König lachte,
Weil er einst genauso dachte;
Ja, für ihn war es schon spät,
Ach, wie schnell die Zeit vergeht.

Der König und sein Schwein

Es begab sich bei dem Mahle,
Mit viel Volk im großen Saale,
Man saß um den runden Tisch
Und verspeiste grad den Fisch.

Da fing Hanswurst an zu schnüffeln,
Grunzend wie's Schwein bei den
Trüffeln,
König Alfred rief: Herein,
Vor der Tür da steht ein Schwein.

Das hat Hanswurst schön gestunken,
Ist im Boden fast versunken,
Nämlich, wie man sagt, vor Scham,
War dem König mächtig gram,

Denn das Volk fing an zu lachen,
Wie konnt Alfred so was machen,
Stellte seinen Gernegroß
Hier vor allen Leuten bloß.

Doch der hat sich schnell besonnen,
Wie gewonnen, so zerronnen,
Hanswurst rief: Und dieses Schwein,
Geht beim König aus und ein.

Und so bald wurd nach dem Essen
Dieser Vorfall nicht vergessen,
Ging in die Geschichte ein
Als: Der König und sein Schwein.

Lesen und zahlen

K. muß lesen, ich darf zahlen,
K., er leidet Höllenqualen,
Denn zum einen ist das Lesen
Bislang nicht sein Fall gewesen,

Und was er nun lesen muß,
Das bereitet ihm Verdruß,
Dürft sein einst so schöner Schein
Doch für immer glanzlos sein,

Weil sich zeigt in den Gedichten,
Daß der Alfred K. mitnichten
Nachkommt seinen Ehrenpflichten,
Wie die Zeitungen berichten.

Da bin ich schon besser dran,
Solang ich noch zahlen kann;
Ich sag nur, das Geld ist weg,
Aber für den guten Zweck.

Unser Land kommt nur zu Ehren,
Wenn wir uns dagegen wehren,
Daß die K.'s den Rechtsstaat lähmen,
Bürgern ihre Würde nehmen.

Falschspiel

Alfred K. mit den Millionen
Werden Richter gerne schonen,
Schließlich könnte es sich lohnen,
Wenn sie einmal bei ihm wohnen.

Aus dem Haus mit den fünf Sternen
Könnt er sonst auch sie entfernen,
Weil sie selbst ihm schriftlich gaben,
Daß er dieses Recht würd haben.

Wer wird es da wohl noch wagen,
Einen Rechtsstreit auszutragen,
Wenn die Richter nur drauf warten,
Um Herrn K. die bessren Karten

Wie es paßt, ganz nach Belieben
Augenzwinkernd zuzuschieben;
Falschspiel würde ich das nennen,
Doch zur Wahrheit sich bekennen,

Birgt in sich bereits Gefahren,
Gleich droht man da mit Verwahren
In den Haft-Verwahranstalten,
Richter können dann frei walten.

Der Kacktus

Wenn wir uns auch manchmal streiten,
Denk ich an die alten Zeiten
Hanswurst, es hat Spaß gemacht,
Sprach der König mit Bedacht.

All die schönen Urlaubsfahrten
Auch die Spiele hier im Garten,
Feiern, oft bis in die Nacht,
Mensch, was haben wir gelacht.

Angeln, Golfen, Reiten, Schwimmen,
Die Gymnastik, Laufen, Trimmen
Und dann unsre Römerzeit,
Hanswurstus, Du trugst ein Kleid,

Wie in Rom es war in Mode,
Ja, darin lag schon Methode;
Darauf fuhr der Hanswurst fort:
Und dann wurden Sie ein Lord,

Kurz danach als Sie den Namen,
Nämlich Alfred Kack bekamen,
Überall im Land bekannt,
Hätt ich Kacktus Sie genannt;

Leider war die Periode,
Da schon wieder aus der Mode;
Kacktus, nein das war kein Gag,
Alfred blieb die Spucke weg.

Der nasse Sack

Alfred K. fiel in das Wasser,
Kam dann wie ein Sack, ein nasser,
Aus dem Wasser wieder raus,
Und so schlich er sich nach Haus.

Hanswurst machte Mittagspause,
Deshalb saß er vor dem Hause,
Sah nun die Gestalt von fern,
Dachte sich, das hab ich gern.

Die Gestalt muß ich entfernen,
Vor dem Haus mit den fünf Sternen
Ist sie völlig fehl am Platz,
Macht womöglich hier Rabatz.

Sie kam näher, Hanswurst schaute,
Schaute nochmal und ihm graute,
Sie sah aus wie'n nasser Sack,
Oh mein Gott, das war Herr Kack.

Da blieb Hanswurst doch vor Schrecken
Grad das Wort im Mund noch stecken,
Er wollt schreien, haun Sie ab,
Das war in der Tat sehr knapp.

<u>Es sei wie es wolle</u>

Es sei wie es wolle,
Es sei wie es sei,
Fällt K. aus der Rolle,
Dann spricht man ihn frei.

Herr K. er kann machen
Was immer er will,
Die Richter, sie lachen
Und halten schön still.

Ein K. hat im Lande,
Wer hätt das gedacht,
Er knüpft seine Bande,
Nun einmal die Macht.

Es sei wie es wolle,
Es sei wie es sei,
Herr K. spielt die Rolle
Als Gelbes vom Ei.

Betrogene Welt

Die Welt, sie will betrogen sein,
So dachte K., das fiel ihm ein,
Als er verfaßte den Bericht
Zur Vorlage beim Landgericht.

Schon deshalb log er wie gedruckt,
Die Richter hat das nicht gejuckt,
Sie lächelten nur sehr vergnügt
Und haben K. nicht mal gerügt.

Die Welt, sie will betrogen sein,
Das impfte K. dem Springer ein,
Der log darauf an Eides Statt
Gleich mehrfach und zwar ziemlich satt.

Dem Staatsanwalt war das nur recht,
Fest integriert im K.-Geflecht,
Schien es, daß grad der Lügenbrei
Für ihn die schönste Speise sei.

Die Welt, sie will betrogen sein,
Gewahrt wird nicht einmal der Schein,
So findet man auch bei Gericht
Kaum noch ein ehrliches Gesicht.

<u>K. in aller Munde</u>

Aus gesellschaftlichem Grunde
War der Kack in aller Munde,
Schließlich gab der gute Mann
Dort den Ton seit langem an.

In der Zeitung war zu lesen,
Am K. könnt die Welt genesen,
Weil ein Mensch so gut und hehr,
Fast ein Heiliger schon wär.

Auch in wirtschaftlichen Dingen,
Schien ihm alles zu gelingen,
Hier war er ein Mann der Tat,
Doch er sparte nicht mit Rat.

Morgens beten, abends beten,
Zwischendurch die Leute treten,
So war klar und deutlich die
Kacksche Wirtschaftstheorie.

Außerdem war K. gerissen,
Er verheimlichte sein Wissen
Und verkündete mit Lust,
Leider hab ich nichts gewußt.

Wenn mal etwas ging daneben,
Konnt den Anschein er so geben,
Daß, wie sollt es anders sein,
Seine Weste wäre rein.

K., der wuchert mit dem Pfunde,
Macht das erst im Land die Runde,
Wird es, das ist abzusehn,
Irgendwann zugrundegehn.

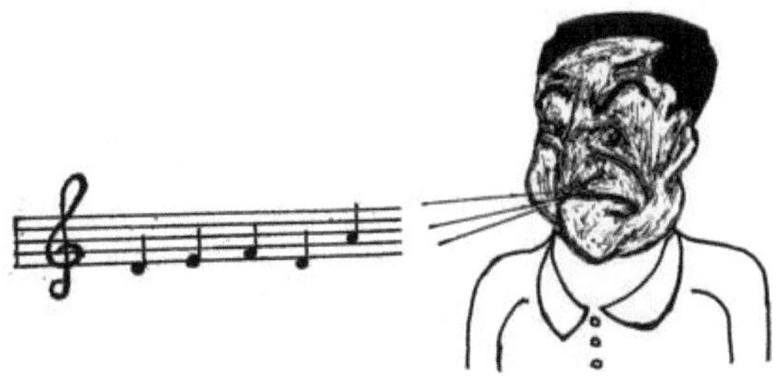

Des Königs Sängerknabe

Noch hör ich den Anwalt singen,
Sie wolln Alfred Kack bezwingen,
Welch ein aussichtsloses Ringen,
Das wird ihnen nicht gelingen.

Zwar hat mancher schon dem großen
Alfred vor den Kopf gestoßen,
Das ist, niemand ausgenommen,
Irgendwann mal gut bekommen.

Leichter ist's zum Mond zu fliegen,
Als Recht gegen K. zu kriegen,
Auch die Richter lassen grüßen,
Denn sie liegen ihm zu Füßen.

Oder wärn Sie so vermessen,
Einen Kaktus aufzuessen,
Der blieb doch im Halse stecken,
Und Sie würden dran verrecken.

Ja, des Königs Sängerknabe
Hat die ganz besondre Gabe,
Meisterlich für K. zu streiten
Und ihm Freude zu bereiten.

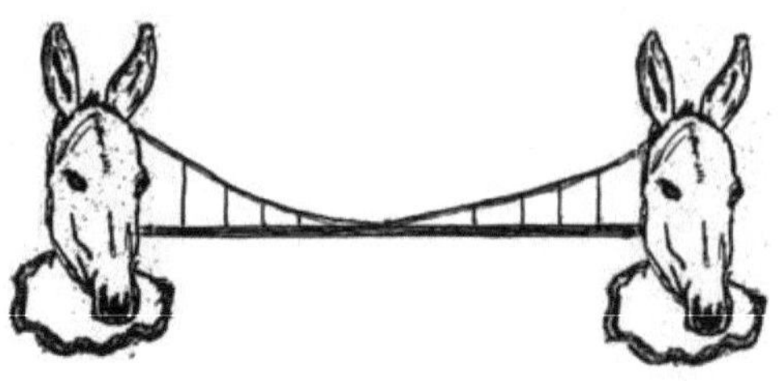

Die Eselsbrücke

Sollten nicht die Wissenslücken
Eher schaden als beglücken?
Nun, hier hat das Landgericht
Eine völlig andre Sicht.

Alfred, heißt es dort beflissen,
Sollte besser gar nichts wissen,
Denn das Wissen, wie man weiß,
Hat durchaus auch seinen Preis.

König Alfred ist zu preisen,
Keinesfalls darf er entgleisen,
Zumal auch sein heilger Geist
Unschuld eigentlich beweist.

So baut man aus Wissenslücken
Für den Alfred Eselsbrücken,
Denn das Landgericht ist frei,
Selbst für eine Eselei.

Und wenn Alfred unterdessen
Hat sein Wissen ganz vergessen,
Nun, dann ist das eben so,
Und die Richter sind heilfroh.

<u>Die Beichte</u>

Pfarrer Schwarzhaupt der erbleichte
Als er hörte Alfreds Beichte;
Das kann doch nicht möglich sein,
Alfred hat den heilgen Schein

Mit dem Gelde sich erworben,
War dafür der Herr gestorben
Auf dem dornenreichen Weg?
Nein, dies war ein Sakrileg,

Und der Pfarrer rief: Welch Sünde,
Alfred, Alfred, ich verkünde,
Da hilft Dir die Beichte nicht,
Hier entscheidet das Gericht,

Wenn Du demnächst gehst von hinnen,
Solang magst Du Dich besinnen,
Und ich gebe Dir den Rat,
Geh in Dich, bereu die Tat.

Mußt das Wort des Herrn erfüllen,
Dich in Sack und Asche hüllen,
Das könnt Deine Rettung sein,
Und nun geh, laß mich allein!

Das Lügennetz

Auch wenn hier die Richter spinnen,
Wird K. letztlich nicht gewinnen,
Denn mich spinnen sie nicht ein,
Ist ihr Netz auch noch so fein.

Ich werd einen Ausweg finden,
Notfalls aus dem Land verschwinden,
Setze dann gezielt von dort
Meinen Kampf, wenn's sein muß fort.

Ich werd meine Bücher schreiben,
Sie, wo Freiheit herrscht, vertreiben,
Soweit reichen vom Gericht
Dessen Spinnenfäden nicht.

Und sind wir erst einmal draußen,
Kommt das Recht herein von außen,
So was hatten wir auch schon,
Damals als die Invasion.

Deshalb wird K. nicht gewinnen,
Auch wenn hier die Richter spinnen,
Denn im Lande frei sein heißt,
Daß das Lügennetz zerreißt.

Die giftigen Pillen

K. war mit den Advokaten
Wahrlich mehr als schlecht beraten;
Ihre dargereichten Pillen
Stießen nur auf Widerwillen

Bei der anderen Partei,
Zu dick war der Lügenbrei,
Mit dem sie so unverdrossen
Ihre gift'gen Pillen gossen,

Um den Gegner zu besiegen;
Ja, am Boden sollt er liegen,
Doch er hat sie nicht geschluckt,
Sie stattdessen ausgespuckt,

Ins Gesicht der Advokaten,
Die sind außer sich geraten,
Denn nun können sie erleben,
Wie die eignen Pillen kleben.

Und das mitten im Gesicht,
Was sagt dazu das Gericht?
Nun, wir sahn, die Richter schlucken
Ohne jedes Wimpernzucken

Solche Pillen hier zu Lande,
Sich und wohl auch ihm zur Schande,
Dabei täte ein Verbot
Dieser Pillen dringend not.

Der eitle Pfeffersack

In Hamburg nennt den großen Kack
Man außerdem noch Pfeffersack;
Ein Name für die Kaufmannsleute,
Die damals machten reiche Beute

Mit Pfeffer, der im Lande knapp,
Warf große Geldgewinne ab;
Kack aber wurd mit seinen Würsten
In Hamburg zum Ernährungsfürsten;

Tat es den Pfeffersäcken gleich
Und wurde auch genauso reich.
Doch wollt er ihnen nicht nur gleichen,
Weit mehr als diese noch erreichen.

Er sah sich als ein Mann von Geist,
Das nun war wirklich ziemlich dreist,
Denn K., sonst sicher sehr gerieben,
Im Geist war er zurückgeblieben.

Da blieb der große Alfred Kack
Nun mal der eitle Pfeffersack;
Doch braucht er sich nicht zu verstecken,
Er ist der größte von den Säcken.

Geschichtsschreibung

Alfred K. schreibt jetzt Geschichte
Durch die edlen Kack-Gedichte,
Die uns einen Einblick geben
Ins gesellschaftliche Leben,

So daß auch in spätren Jahren
Unsre Nachwelt wird erfahren,
Auf welch geist'gem Grund wir standen
Hier in unsren deutschen Landen.

Wie die Richter Demut zeigen,
Sich vor einem Kack verneigen,
Staatsanwälte Rechte beugen,
Um K. huldvoll zu bezeugen,

Daß sie Wahrheit unterdrücken,
Wenn sie ihn damit beglücken;
Wie der Mammon stellt die Weichen
Als das größte Ehrenzeichen,

Wie mit sorgenvollen Mienen
Hohe Herrn sich selbst bedienen
Und die Freiheit groß geschrieben,
Auf der Strecke ist geblieben.

Der goldene Kack

Das war wirklich interessant,
Was Hanswurst im Kasten fand,
Einen Brief, in dessen Mitte
Stand, für K. persönlich bitte.

Daß der Brief von einem Amte
Größerer Bedeutung stammte,
Wie soll's anders sein, das war
Hanswurst sofort sonnenklar.

Er durft keine Zeit verschwenden,
Mit dem Brief in seinen Händen
Lief er schnell zu Alfred hin,
Rief: Mein König, was steht drin?

Man will mir ein Ehrenzeichen
Für Verdienste überreichen,
Einzigartig hier im Lande,
Sprich: Den goldnen Kack am Bande.

Darauf stoßen wir gleich an,
Hanswurst, hol die Gläser Mann
Und sieh zu, daß diese Kunde
Macht im Hause schnell die Runde.

Die K.-Gesichter

Es gilt K., dem Land zum Nutzen,
Auf das rechte Maß zu stutzen,
Denn wir sehn, bereits die Richter
Tragen heute K.-Gesichter.

Was erst würde, was erst würde,
Stieße K. auf keine Hürde?
Nun, dann würden wir mit Grauen
Noch mehr K.-Gesichter schauen.

Ja, auf allen unsren Wegen
Wären sie bestimmt zugegen,
Aus den Zeitungen, Journalen
Würden K.-Gesichter strahlen.

Wenn sie Unliebsame orten,
Schließen sie ganz schnell die Pforten,
Und Kritik in deutschen Landen
Wär dann gar nicht mehr vorhanden.

Jeden Kritischen im Denken
Würden sie im Knast versenken,
Und was Freiheit ist gewesen,
Kann man dann nicht mal mehr lesen.

Leben auf dem Mist

Leben wir denn auf dem Mist?
Hab als Frage ich gestellt, 1)
Sage nun, daß es so ist,
Auch wenn's manchem nicht gefällt.

Fand den Mist bei K. zuhauf
In dem feinen Schloßhotel,
Nahm ihn schreibend kritisch auf,
Er verbreitete sich schnell.

Zunächst einmal bei Gericht,
Mist, den wollt kein Richter sehn,
Weil die Herrn aus meiner Sicht
Darin selbst zu tief schon stehn.

Darauf gleich der nächste Fall,
Staatsanwaltschaft, wo ich fand
Einen richtgen Augiasstall,
Was wurd nur aus unsrem Land?

Gleiches auch, wohin man blickt,
Überall zeigt sich der Mist,
Bis das Land in ihm erstickt,
Wie lang läuft sie noch die Frist?

1) Sh. Band I, »Leben wir denn auf dem Mist« Seite 199

Unbegreiflich

Alfred kann es nicht begreifen,
Hanswurst kriegt schon einen Steifen
Wenn er in der Sauna sitzt
Und noch gar nicht richtig schwitzt.

Alfred liegt direkt daneben,
Gleich wird sich das Ding erheben,
Was fällt nur dem Hanswurst ein,
Schließlich sind sie nicht allein.

Bei dem Alfred will dagegen
Sich seit langem nichts mehr regen,
Das fällt jetzt besonders auf,
Seines runter, Hanswurst's rauf.

Um was mögen die Gedanken
Sich von seinem Hanswurst ranken,
Die ihm, wie es Alfred schien,
Solche Manneskraft verliehn.

Also bloß nicht gleich verzagen,
Einfach nur den Hanswurst fragen;
Wie gedacht, so auch getan,
Und die Antwort kam spontan:

Ich brauch nur an Sie zu denken,
Wenn Sie einen Blick mir schenken,
Ist bei mir der Teufel los,
Und das Ding, es wird ganz groß.

Das nun stimmte ihn nicht heiter,
Brachte Alfred auch nicht weiter,
Denn bei allem was er macht,
Hat er stets an sich gedacht.

Der Reichsverweser

Wär der Alfred Reichsverweser,
Würd verbieten er die Präser,
Denn es käm nicht in die Tüte,
Daß mit ihnen man verhüte.

Unser Volk muß sich vermehren,
Was die Präser stark erschweren;
Auch die Kirche würd verkünden,
Es zählt zu den großen Sünden,

Diese Dinger zu verwenden,
Um die Samen zu verschwenden,
Die der Herr hätt nur gegeben,
Um zu schaffen neues Leben.

Deshalb sage ich ganz offen,
Alfred gibt uns Grund zu hoffen,
Daß das Reich wird einst genesen,
Wenn er dieses kann verwesen.

Oh Waldeslust

Alfred schlug sich an die Brust,
Sang dabei, oh Waldeslust,
Ich hab leider nichts gewußt,
Nicht mal, was ich wissen mußt.

Wie in der vergangnen Zeit,
Augen zu, es tut mir leid,
Man kann doch nicht alles sehn,
Das ist sicher kein Vergehn.

So weit reicht auch der Verstand
Bei den Richtern hier im Land,
Und wenn Alfred K. nichts sah,
Ist ihr Urteil ganz schnell da.

Sie verkünden voller Huld,
Alfred K. trifft keine Schuld,
Denn er selbst gibt uns nicht preis,
Daß er wirklich etwas weiß.

Wer nicht weiß, was er grad tut,
Meint es vielleicht sogar gut,
Wenn er richtet Schaden an,
Für den er rein gar nichts kann.

Alfred schlägt sich an die Brust,
Anderen vergeht die Lust,
Weil sie mit Besorgnis sehn,
Wo wir heut schon wieder stehn.

Der Ruhetag

Heute bleibt die Küche kalt,
Alfred K. fuhr in den Wald,
Um mit Hanswurst unter Buchen
Endlich Ruhe mal zu suchen.

Zuerst wurd der Wald durchquert,
Dann die Flasche Wein geleert
Und der Proviant gegessen,
Der sehr reichlich war bemessen.

Dies geschah am Waldessaum
Unter einem großen Baum,
Wo sie es gemütlich hatten
Unter Zweigen, schön im Schatten.

Hanswurst war auch richtig froh
Und der Alfred ebenso;
Sie begannen sich zu recken,
Ihre Beine auszustrecken.

Darauf fiel dann auch im Nu
Jedem schon ein Auge zu,
Eh sich ihre Blicke trafen,
Waren sie tief eingeschlafen.

Das ging eine Zeitlang gut,
Doch im Wald sei auf der Hut,
Eine Horde Waldameisen
War dabei sie zu umkreisen,

Bis ihr Hauptmann, er lief vorn,
Stieß sehr kraftvoll in sein Horn
Das bedeutete, au Backe,
Fertigmachen zur Attacke.

Alfred und sein Adjutant
Wurden förmlich überrannt;
Arme, Beine, Brust und Nacken,
Überall war es am Zwacken,

Selbst aus Nase und dem Ohr
Schauten Ameisen hervor;
Beide wurden sie gebissen,
Jählings aus dem Schlaf gerissen,

Alfred, Hanswurst sprangen auf,
Aus dem Wald im schnellen Lauf
Sah man sie laut schreiend rasen
Wie zwei angeschossne Hasen.

So ging dieser Ruhetag
Schmerzlich aus mit Pein und Klag,
Und die nächste Ruhepause
Die genießen sie zu Hause.

Gedächtnisschwund

Herr K. lief gegen eine Wand,
Hat sich drauf selbst nicht mehr erkannt
Und fragte Hanswurst, wer sind Sie?
Der war ganz außer sich und schrie:

Ich bin der Hanswurst, Alfred Mann,
Schaun Sie mich doch mal richtig an;
Ich schaue, doch ich kenn Dich nicht,
Verschlagen scheint mir Dein Gesicht,

Dir trau ich zu so manche List,
Wer weiß, ob Du der Teufel bist;
Tust so, als ob Du mich gut kennst,
Warum Du mich dann Alfred nennst,

Es deutet wirklich darauf hin,
Daß Du was Böses führst im Sinn;
Das ging dem Hanswurst nun zu weit,
Er dachte sich, es tut mir leid

Und schlug mit einer Latte zu,
Alfred erwachte, Hanswurst Du?
Welch Glück, er hatte ihn erkannt,
War endlich wieder bei Verstand.

Eine Meise?

Alfred hüpfte wild im Kreise,
So als hätt' er eine Meise,
Doch man kannte schon den Grund,
Ein erneuter Umsatzschwund

Ging ihm wieder auf die Nerven,
Statt mit Gläsern rumzuwerfen,
Tobte er sich aus im Tanz,
Und die Gläser blieben ganz.

Hanswurst kannte seinen Alten,
Für ihn hieß das Abstand halten,
Denn in diesem Zustand war
Alfred unberechenbar.

Einen kühlen Kopf bewahren,
So entgeht man den Gefahren,
Sehr erstaunlich, mit der Zeit
Dacht' selbst Hanswurst schon so weit.

Was er überdies noch wußte,
Daß er einfach warten mußte,
Denn war Alfred stark erregt,
Hat sich später das gelegt.

Der Star-Architekt

Alfred hat sich selbst entdeckt,
Meint, er wär ein Architekt,
Und zwar einer von den Besten,
Jeder könnt das gerne testen.

Noch baut er mit LEGO-Steinen,
Also erst einmal im kleinen,
Doch auch das hat schon Profil,
Zeigt den ganz besondren Stil,

Der dem Alfred ist zu eigen,
Von der Kühnheit ganz zu schweigen,
Mit der er, stets ohne Patzer,
Baut die höchsten Wolkenkratzer.

Was im kleinen so besticht,
Hätt weit größeres Gewicht,
Würd man es im großen bauen,
Herrlich wär es anzuschauen.

Alfred kann sich dran erwärmen,
Kommt dabei sogleich ins Schwärmen,
Als ein Architekt begehrt,
Würd er wie ein Star verehrt.

Der letzte Mohikaner

Old Kack wollt es noch einmal wissen,
Er fuhr nach Nordamerika,
Um seine Fahne dort zu hissen,
Das tat er auch und rief hurra,

Hurra, hurra ich bin gekommen
Aus Germany, der Alfred Kack,
Hab meinen Hanswurst mitgenommen,
Wir tragen einen Tomahawk

Und wollen zu den Indianern,
Schon morgen früh da geht es los,
Flußabwärts zu den Mohikanern
Mit unsrem selbstgebauten Floß.

Old Kack trug eine Pickelhaube
Als ein Symbol für Ruhm und Ehr,
Und auf dem Pickel eine Taube
Zum Zeichen, daß er friedlich wär.

So kamen sie nach gut zwei Tagen
Im Tal der Indianer an,
Was hatte sich dort zugetragen,
Es lebte jetzt nur noch ein Mann.

Er war der letzte Mohikaner,
Die andern waren bereits tot,
Und dieser alte Indianer
Sprang sofort in sein Paddelboot,

Als er fernab das Floß gesehen,
Man hörte nur noch wie er schrie,
Good bye, den kann ich nicht ausstehen,
Den Kack aus good old Germany.

Die Supershow

Hamburgs Bürger sollen staunen,
Zeitungsblätter sie posaunen:
K. macht eine Supershow
Mit seinem Erweitrungsbau.

K. glaubt, daß in Weltvergleichen,
Er die Spitze würd erreichen,
Doch der Kenner meint nur spitz,
Das halt ich für einen Witz.

K. war aber nie bescheiden,
Und er liebt es aufzuschneiden,
Diesbezüglich stets bereit,
Geht er gerne mit der Zeit.

Die im Gleichschritt mitmarschieren,
Werden freudig applaudieren,
Wenn sie im Gesellschaftstanz
Drehn sich mit in seinem Glanz.

Leute aus den feinsten Kreisen
Werden K. die Huld erweisen,
Aus, für ihn sehr angenehm,
Wirtschaft, Politik die Creme.

Welche Freude, welch ein Lachen,
Also K., so weitermachen,
Und ist was nicht ehrenwert,
Wird es untern Tisch gekehrt.

Das K.-mobil

Alfred fährt, auch das hat Stil,
Offen in dem Kackmobil
Durch die Freie Hansestadt,
Weil er es so gerne hat,

Wenn der Sonne strahlend Licht
Sich an seiner Krone bricht,
Die dann herrlich glänzt und blinkt,
Worauf manch ein Bürger winkt,

Weil das offne K.-mobil
Ihm sofort ins Auge fiel
Und die Presse K. den Ruf
Eines großen Königs schuf.

Stolz schwillt da von K. die Brust,
Hat er doch noch stets gewußt,
Wie man inszeniert den Schein,
Was Besonderes zu sein.

Auch mit seinem K.-mobil
Kommt er näher diesem Ziel,
Wenn er durch die Straßen flitzt
Und selbst hinterm Lenkrad sitzt.

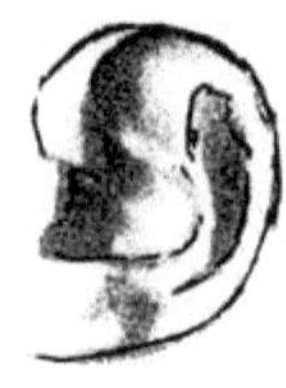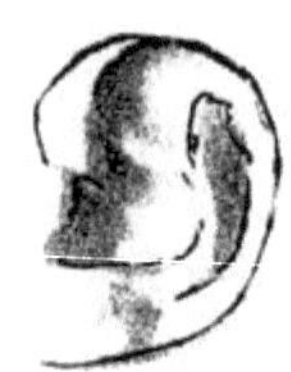

Das Ohr

Sieh Dich vor, sieh Dich vor,
K. hat überall sein Ohr,
An den Wänden, an der Decke
Und auch hinter jeder Ecke.

Im Hotel, gebt gut acht,
Hält Hanswurstens Ohr die Wacht;
Dafür ist er wie geboren,
Wurd der Chef dort aller Ohren.

Hanswurst schwört, Hanswurst schwört,
Daß er wirklich alles hört,
Doch er würd auch sicher schwören,
Wenn es gar nichts gäb zu hören.

Immerfort, Immerfort
Hat der K. ein Ohr vor Ort,
Denn er könnt es nicht verzeihen,
Sollt man ihm kein Ohr mehr leihen.

Sieh Dich vor, sieh Dich vor,
K. hat überall sein Ohr,
Er, der Meister aller Ohren
Hat noch nie ein Ohr verloren.

Der Kassenwart

Alfred dachte, in der Art
Wie sich Hanswurst offenbart,
Wär er, da er fleißig spart,
Auch ein guter Kassenwart.

Sprach: Hanswurst, ich überlasse
Dir jetzt ab sofort die Kasse,
Weil ich einmal Dir vertrau
Und zum andern auf Dich bau.

Ich denk Hanswurst, daß Du weißt,
Was das hier im Hause heißt;
Also zeig den rechten Geist
Und vor allem, werd nicht dreist.

Merk Dir Hanswurst, niemals fasse
Eigensüchtig in die Kasse,
Jeder, der das tut fliegt raus,
Mit der Freundschaft ist es aus.

Daß ich in die Kasse faß,
Alfred, nun Sie machen Spaß,
Ich bin keine trübe Tasse,
Wenn, nähm ich die ganze Kasse

Und verschwände, immerhin
Darin läg vielleicht ein Sinn;
Das war nur ein Scherz, ich wär
Dann ja nicht Ihr Hanswurst mehr.

Ich bleib Ihnen ewig treu,
Hoff, daß ich dies nie bereu,
Denn wenn Sie mal Kasse machen,
Was hab ich dann noch zu lachen?

Tapferkeit, Eigensinn, Geduld

Macht Infames uns zu schaffen,
Sind die allerbesten Waffen,
Tapferkeit und Eigensinn,
Auch Geduld bringt da Gewinn.*

Dies nun hab ich mit den Jahren
Selbst am eignen Leib erfahren;
Tapferkeit ist ein Gebot,
Kämpft man gegen K., den Schlot,

Wenn sogar die Staatsgewalten
Ihm devot die Stange halten,
Deinem Rechtsgefühl zum Hohn,
Dir mit hohen Strafen drohn.

Ich hab mich auf mich besonnen,
Dadurch Kraft und Spaß gewonnen,
Ohne den mir eignen Sinn
Würfen andere längst hin.

Hab geduldig dann geschrieben,
Jetzt schon von Band eins bis sieben,
Und es stimmt, so soll es sein,
Ruhe kehrte bei mir ein.

* Sh. »Hermann Hesse Lektüre für Minuten« Seite 110

Der ganze Stolz

Hamburgs erster Bürgermeister
Ist ein kluger, weitgereister
Mann, der immer Pläne hat,
Für sich selbst und für die Stadt.

Wert legt er auf die Fassade,
Denn der erste Eindruck grade
Ist es, der am meisten zählt,
Wie er niemandem verhehlt.

Deshalb predigt er seit Jahren,
Nicht am falschen Ende sparen,
Gar zu wichtig ist der Schein,
Was Besonderes zu sein.

Blickt man hinter die Fassaden,
Könnte das womöglich schaden;
Hier teilt er des Königs Sicht,
Der beharrlich scheut das Licht.

Kein Geheimnis, daß die beiden
Können sich von Herzen leiden,
Und des Bürgermeisters Stolz
Wär der große Kack aus Holz.

Hierfür braucht er aber Spenden,
Schön wär's, wenn sich Spender fänden,
K. würd, prächtig anzusehn,
Direkt vor dem Rathaus stehn.

Damit setzte man ein Zeichen,
Einzigartig, ohnegleichen,
Daß der Kaufmann in der Stadt
Königliches Ansehn hat.

Falsch Zeugnis

Wenn Herr K. als guter Christ
Gleichwohl ein Verleumder ist,
Müßte man, wenn das soll passen,
Auch die heilge Schrift neu fassen;

Denn dort steht, das gilt für jeden,
Du sollst kein falsch Zeugnis reden,
Und zwar als Gebot des Herrn,
Sicher hören das nicht gern,

Jene, die sich christlich geben,
Dennoch K. ins Heil erheben,
Auch wenn der dem Wort des Herrn
Als Verleumder steht weit fern.

Das beginnt bei den Gerichten,
Die für K. speziell gewichten,
Somit gilt dort allgemein,
K. darf niemals schuldig sein.

Und um im Geschäft zu bleiben,
Müssen sie ihn heilig schreiben,
Nämlich unsre Zeitungswelt,
Die sich für so ehrlich hält.

Selbstverständlich die Parteien
Werden K. sehr gern verzeihen,
Wenn er sie nur unterstützt
Oder ihnen sonstwie nützt.

Jedoch wär K. nicht zu rügen,
Würd man folgendes verfügen:
Das Gebot des Herrn gilt nicht,
Wenn Herr K. falsch Zeugnis spricht.

Vom Baum und seinen Früchten 1)

Alfreds Herz, es ist nicht voll,
So geht auch sein Mund nicht über,
Daß ihn Wahrheit lenken soll,
Dafür wird die Aussicht trüber.

Hat denn Alfred von dem Baum
Und den Früchten nicht gelesen?
Gäb dem Wort des Herrn er Raum,
Könnt verändern sich sein Wesen.

Denn die faule Frucht, sie trägt
Keiner von den guten Bäumen,
Alfred, geistig unbewegt,
Mag vom ewgen Heil zwar träumen,

Doch er nimmt den Mund nur voll,
Wird das Heil sich so verscherzen,
Wenn ihn dies erfassen soll,
Muß die Vorhaut weg vom Herzen. 2)

1) Sh. Evangelium des Lukas, Kap. 6, Vers 43-46
2) Sh. »Erlebnisse im Hotel« Band III, Seite 147

Die weiße Fahne

K. ist als Verleumder groß,
Hört man mich ganz offen sagen,
Sein Schuß ging nach hinten los,
Soll er mich noch mal verklagen.

K., ich halt nicht meinen Mund,
Wollen Sie mich mundtot machen,
Hab ich höchstens einen Grund,
Mich darüber totzulachen.

Denn die Richter fürcht ich nicht,
Können sie mich auch nicht riechen,
Wenn sie, das ist meine Sicht,
Ihnen in den Hintern kriechen.

Geht nach hinten los der Schuß,
Könnt erweitern sich ihr Wissen,
So daß sie im Überdruß
Dort die weiße Fahne hissen.

Fäulnis aufpoliert

»Sokrates läßt Deutschland grüßen,
Damit Freiheit atmen kann,
Alfred Kack trat sie mit Füßen,
Schaut Euch mal die Bücher an.«

So hab ich diesmal geworben,
Ist der Slogan nicht ganz gut?
Sokrates ist zwar gestorben,
Ob sich trotzdem etwas tut?

Immerhin ist K. noch munter
Und pflegt seinen heilgen Schein,
Reißt er die Plakate runter
Oder fällt ihm sonst was ein?

Lassen wir uns überraschen,
Ein Erfolg wär immerhin,
Schlüpft' uns K. nicht durch die Maschen,
Schärften wir den Bürgersinn,

Um die Fäulnis zu erkennen,
Die im Land sich etabliert;
Statt beim Namen sie zu nennen,
Wird sie glanzvoll aufpoliert.

ANHANG

Für wen ich singe*

Lessing sang nicht für Euch, Ihr Richter;
Er meinte wohl, es lohne nicht,
Nun bin ich allerdings kein Dichter,
Doch hab ich eine andre Sicht.

Ich sing für Euch und die Kollegen
In allen Tönen, runter rauf,
Ein Hoch auf Euch, Ihr Rechtsstrategen,
Ich geb die Hoffnung noch nicht auf.

Ich singe um zu überzeugen,
Es möge siegen die Vernunft,
Kein Richter soll das Recht mehr beugen,
Und das gilt für die ganze Zunft.

Die Advokaten, Staatsanwälte,
Da gibt es riesigen Bedarf,
Schluß sei mit Hochmut und mit Kälte,
Und nur die Henker richten scharf.

Wär meinem Tun vergönnt Gelingen,
So daß sich ändert was im Land,
Ich würd nur für die Liebste singen,
Darauf heb ich zum Schwur die Hand.

* Lessings Werke, »Dichtungen-Briefe« Band I, Seite 74

Unrecht eingefroren

Wer mein erstes Buch gelesen
Mit ein klein wenig Verstand,
Wäre schon im Bild gewesen,
Hätt mit Sicherheit erkannt,

Daß die Richter sich verfahren,
Und sie kennen wohl den Grund,
Dadurch auf dem Holzweg waren,
Für das Recht nicht grad gesund.

Einen Fehler eingestehen,
Dazu braucht es bestimmt Mut.
Wer hat schon bei uns gesehen,
Daß ein Richter so was tut?

Und so schreib ich eifrig weiter,
Ging den Richtern auf ein Licht,
Dacht ich, werden sie gescheiter,
Doch sie lasen lieber nicht.

Hier der Wahrheit nachzugehen,
Wär ganz sicher ehrenwert,
Auch dafür dann einzustehen,
Wenn man vorher lag verkehrt.

Doch mit solchen Denkvorgängen
Wird sich gar nicht erst befaßt,
Eher läßt man einen hängen
Oder steckt ihn in den Knast.

Manchem klingen da die Ohren,
Und er denkt dann wohl daran,
Wieviel Unrecht eingefroren,
Bei Gericht man finden kann.

<u>Ein karges Feld</u>

Wie ist es doch so karg bestellt,
Das Feld der richterlichen Welt,
Und sicher läuft etwas verkehrt,
Wenn es allein die Richter nährt.

Wärn sie wahrhaftig, wenn sie sä'n,
Es könnte edle Frucht entstehn
Und zwar dem ganzen Volk zum Wohl,
So aber ist sie oftmals hohl

Die Frucht, die mangels echtem Geist
Uns nicht die rechten Wege weist;
Ich dacht' daran, fühlt' mich nicht gut,
Und wieder einmal sank der Mut.

Da rief der Herr, es werde Licht,
Und sieh, schon schrieb ich ein Gedicht;
Auch wenn's den Richtern nicht gefällt,
Wenn dadurch sich ihr Geist erhellt,

Dann hätt ich doch noch was erreicht,
Schon fühlt' ich mich entspannt und leicht,
Den Dank der Richter brauch ich nicht,
Da üb' ich durchaus gern Verzicht.

Pegasus

Wenn ich ohne Unterlaß
Pegasus am Schwanze faß,
Wird das manchen sicher stören,
Er mag sich zu Recht empören,

Schließlich machte ich doch nur
Schwach das Wirtschaftsabitur;
Man empfahl mir auch das Schweigen,
Wie's den Philosophen eigen,

Und in Deutsch ging ich nach Haus
Mit der vier, das reichte aus,
Um mir Ausdruck zu verleihen,
Deshalb möge man verzeihen,

Wenn ich den beim Schreiben hier
Etwas überstrapazier;
Jedenfalls ist zu ersehen,
Daß bei allem was geschehen,

Trifft die Lehrer keine Schuld,
Hatten sie doch viel Geduld,
Mir im Deutschen beizubringen,
Daß mir kaum was würd gelingen.

Nun, ich hatte trotz der vier
Stets beim Schreiben mein Pläsier,
Und ich lernte unterdessen,
Die Zensur sollt man vergessen.

Verbotene Bücher

Niemals wollt ich Bücher schreiben,
Man schreibt ohnehin zu viel,
Das gehört um »in« zu bleiben,
Heute schon zum guten Stil.

Trotzdem habe ich geschrieben,
Denn für mich ging es um mehr,
So ist mir nur dies geblieben,
Um Gerechtigkeit und Ehr.

Was ich schrieb darf man nicht lesen,
Nämlich gleich der Bücher drei,
Ist der Richterspruch gewesen,
Doch ich schrieb mich dadurch frei.

Unterliegt mein Schreibstil Tadel,
Sagt man, er wär einfach schlecht,
Ich näh mit zu heißer Nadel,
Nun, da hat man sicher recht.

Drei verbotne Bücher schreiben,
Macht jedoch für sich schon Sinn,
Weil ich damit, das wird bleiben,
In bester Gesellschaft bin.

Die endliche Geschichte

Gut so, ich blieb mir nichts schuldig,
Manche wurden ungeduldig,
Denn es werden die Gedichte
Zur unendlichen Geschichte

Wie man mir hat zugetragen;
Recht bedenklich würd ich sagen,
Dieses wäre wirklich schändlich,
Doch mein Leben es ist endlich.

Lassen wir's damit bewenden,
Auch das Schreiben wird dann enden,
Wenn nach altbewährtem Brauche
Ich mein Leben hier aushauche.

So wie's Schicksal mischt die Karten
Muß man meist solang nicht warten,
Somit liegt es schon viel näher,
Daß mein Schreiben endet eher.

Also laßt euch nicht verdrießen,
Wenn aus meiner Feder fließen
Ein paar weitere Gedichte,
Bald wird enden die Geschichte.

Der erschlagene Lump

Carolina ist ihr Name,
Eine jugendliche Dame,
Gleichwohl nicht mehr ganz so jung,
Aber hübsch mit sehr viel Schwung.

Es wurd etwas später heute,
Nur vereinzelt sah man Leute,
Und nach Haus, das kleine Stück,
Legte sie zu Fuß zurück.

Jetzt warn es noch fünfzig Meter,
Hinter ihr vermummt der Täter,
In der Hand mit einem Stein
Schlug er plötzlich auf sie ein.

Hat die Tasche ihr entwunden,
War darauf sofort verschwunden,
Sein Schlag traf auf Kopf und Hirn,
Blut floß über ihre Stirn;

Unter Schmerzen ohnegleichen
Konnt sie grad ihr Heim erreichen;
Das passierte öfters dort,
So die Polizei vor Ort.

Das heißt wohl, wir müssen eben
In das Schicksal uns ergeben;
Da hab ich mir meine Welt
Doch ganz anders vorgestellt.

Wenn ich nun an gleicher Stätte
Diesen Lump erschlagen hätte,
Nein, ich hätte das bis heut
Sicherlich noch nicht bereut.

Auf wackligen Beinen

Freiheit, Rechtsstaat – ja, beim Schwätzen
Stehn wir auf den ersten Plätzen,
In Gemeinschaft mit dem Wahren 1)
Lassen sie sich erst erfahren.

Sind die Reden, die geschwungen,
Denn von wahrem Geist durchdrungen,
Solln sie nicht stattdessen lenken,
Zweckgerichtet weg vom Denken? 2)

Werden drauf dann nach Belieben
Von der Presse schöngeschrieben,
Die am Zügel fest gehalten, 3)
Schwört, sie würd sich frei entfalten.

Dann die rechtlichen Instanzen,
Die nicht aus der Reihe tanzen,
Paragraphenblind entscheiden
Und die Wahrheit dabei meiden.

Freiheit, Rechtsstaat, will mir scheinen,
Stehn auf wackeligen Beinen,
Deshalb sollten wir beizeiten
Das Bewußtsein dafür weiten.

1)-3) Sh. Karl Jaspers »Vernunft und Freiheit« Seite 338

<u>Eine wundersame Welt</u>

Schwerbehindert war die Dame,
Konnt nicht ohne Hilfe gehn,
Nachgereicht wird gern ihr Name,
Der Professor wollt sie sehn.

So hab ich sie hingefahren,
Hielt direkt vorm Krankenhaus,
Denn sie mußte Kräfte sparen,
Nur mit Mühe stieg sie aus.

Schließlich konnt ich sie nicht tragen,
Doch drei Plätze waren frei,
Allerdings für Krankenwagen
Und für die der Polizei.

All die andren in der Nähe
Waren wieder voll besetzt,
Man denkt dort, wie ich das sehe,
An Behinderte zuletzt.

Einen freien Platz belegen,
Schien in unsrem Fall normal,
Wie sie sonst zum Arzt bewegen,
Mir blieb keine andre Wahl.

Hiermit hab ich ihn beschrieben,
Den genauen Sachverhalt,
Der nun ließ, nicht übertrieben,
Den Beamten völlig kalt.

Deshalb soll ich dafür büßen,
Falsches Parken kostet Geld,
Deutscher Kleingeist, er läßt grüßen,
Eine wundersame Welt.

Wenn, wo Hilfe wird gegeben,
Er von Fehlverhalten spricht,
Doch demnächst kann man erleben
In der Sache das Gericht.

Und darüber wird berichtet
Dann im folgenden Gedicht,
Schaun wir mal wie es gewichtet,
Ob beim Schatten ist auch Licht.

Im Strafgericht

Da sitz ich nun im Strafgericht,
Verplämper meine Zeit,
Doch der Termin, er ist in Sicht,
Noch ist es nicht soweit.

Die kranke Frau, sie liegt zu Haus,
Ich wünscht, ich wär bei ihr,
Stattdessen harre ich hier aus
Und mach Gedanken mir.

Ganz sicher brauchte sie mich sehr,
Davor steht das Gericht,
Was wohl erwarten wir schon mehr,
Es tut nur seine Pflicht.

Der Richter kam, ich las ihm vor
Das Sachverhaltsgedicht, *
Sieh an, er war sogar ganz Ohr,
Beeindruckt hat's ihn nicht.

Für ihn zählt nur der Paragraph,
Das hatt ich mir gedacht,
So wurd von ihm dann treu und brav
Sein Urteil schnell gemacht.

Schuldig! Verkündigte er jetzt,
Das einzige was zählt,
Es wurde das Gesetz verletzt,
Ich lächelte gequält.

Ja das Gesetz, das kenn ich auch,
Doch was ist mit Vernunft?
Davon macht selten nur Gebrauch
Die richterliche Zunft.

Daß dadurch Unrecht wird gesät,
Was geht's den Richter an,
Er ist, wie sich von selbst versteht,
Ein ehrenwerter Mann.

Mein Einwand der wär widerlich,
So fiel er mir ins Wort,
Nur selbstgerecht und liderlich,
Den Staatsanwalt vor Ort

Wollt schalten er vielleicht drum ein,
Das fänd ich gar nicht schlecht,
Viel klüger wird der auch nicht sein,
Es lebe hoch das Recht!

* Sh. »Eine wundersame Welt«

Drei Mann hoch

Drei Mann hoch beim Strafgericht
Sind mir wert noch ein Gedicht;
Man sollt meinen, vom Gewicht her
Wär das kein Fall für den Richter,

Und die Polizei, nun ja,
Ist wenn man sie nicht braucht da.
Sie, des Volkes Ordnungshüter,
Entzieht ihm so Wirtschaftsgüter

In der Form von Arbeitszeit,
Die wir stelln dem Staat bereit;
Schlimmer, sie hilft abzubauen,
Was ich hatte: Staatsvertrauen.

Dadurch wird aus Arbeitslust
Dann bei vielen Bürgern Frust,
Und der Richter sollt das Denken
Auf den Ordnungshüter lenken.

Wär in Ordnung unsre Welt,
Müßt der zahlen Ordnungsgeld,
Um zum wahren Recht beizeiten
Seinen Horizont zu weiten.

Der Gesetzeshüter

Nein, sprach der Gesetzeshüter,
Es gibt keine höhren Güter
Als Gesetze hier im Land,
Sie bewahren den Bestand,

Wenn ich sie nur strikt anwende
Und nicht meine Zeit verschwende
Mit Gedanken, ob ich dann
Menschlich dies vertreten kann;

Ich tat meiner Pflicht Genüge
In dem staatlichen Gefüge,
Mehr ist, und das macht auch Sinn,
Hier in meinem Amt nicht drin.

Denn sonst wärn die Kompetenzen,
Die ich habe zu ergänzen;
Ich müßt, und das leuchtet ein,
Selbst Gesetzesgeber sein.

Der hat, wenn Sie mich befragen,
Die Verantwortung zu tragen,
Ich führ lediglich hier aus,
Bin fein aus dem Schneider raus.

Nur Schatten

Wie gewohnt ging er vonstatten
Der Prozeß, kein Licht nur Schatten,
Denn der Richter als ein Licht
Erschien er mir wirklich nicht.

War auch sicher keine Leuchte,
Die zum Lichtblick man mal bräuchte,
Wie die Funzel in dem Tran
Zog er stetig seine Bahn.

Klebte fest am Paragraphen,
Um mich danach abzustrafen,
Mit dem Paragraph zur Hand
Braucht kein Richter den Verstand,

Suchte er dann zu erklären,
Weil nur so das Recht kann währen;
Da zieh ich doch allemal
Vor das Eselstribunal.*

* Sh. »Erlebnisse im Hotel« Band VI, Das Eselstribunal, Seite 134

Widerwort für'n Staatsanwalt

Das Gericht ist nicht der Ort,
Wo sich ziemt ein Widerwort;
Der Richter fand es widerwärtig,
War deshalb ganz schnell mit mir fertig.

Drohte mir auch gleich eiskalt
Dafür mit dem Staatsanwalt;
Sollt den Richter ich drum rügen,
Nein, ich hätte mein Vergnügen,

Wenn in diesem Fall der Mann
Wenigstens bis drei zähln kann;
Dann hätt ich auch Grund zu hoffen,
Daß der Streitausgang wär offen,

Daß es Staatsanwälte gibt,
Wo es doch noch richtig piept,
Denn bisher, ich will nicht unken,
Schienen alle mir betrunken,

Weil von nüchternem Verstand
Ich bei ihnen nicht viel fand,
Und die rechtlichen Interessen
Hatten völlig sie vergessen.

Spott und Hohn

Sollt ich die Justiz verwöhnen,
Weil zu Unrecht ich mußt löhnen?
Da scheint als gerechter Lohn
Mir doch eher Spott und Hohn.

Denn es kam in jedem Falle
Richtig hoch mir meine Galle,
Fügte ich mich schweigend drein,
Hätt ich schon den Gallenstein.

Spott und Hohn sich zu verbeten
Von dem Bürger der getreten,
Wär das so, wo bliebe sie,
Unsere Demokratie?

Doch ganz sicher auf der Strecke,
Auch wenn ich hier Ängste wecke,
Ich sag Bürger schlaft nicht ein,
Ihr müßt immer wachsam sein.

Die Justiz hat im Versagen
Hohn und Spott dann zu ertragen,
Damit sie vor dem Erblinden
Möge wieder zu sich finden.

Bürgernahe Polizei

In dem Land der Illusionen
Magst du eine Zeit schön wohnen,
Dann im weiteren Verlauf
Zahlt man dafür meistens drauf,

Wenn die Täuschung ist verschwunden,
Die uns wohlig eingebunden;
Doch Enttäuschung schließt mit ein
Von der Täuschung frei zu sein.

Eine Illusion im Leben
Schrieb ich, hätt ich aufgegeben,
Nämlich, daß die Polizei
Mir ein Freund und Helfer sei. 1)

Hier nun möcht ich offen sagen,
Hab ich etwas nachzutragen:
Bußgeld zahlen mußt' ich nicht,
Was für die Beamten spricht.

Ist der Grund hierfür gwesen
Mein Gedicht, das man gelesen,
Welches ich, ich war so frei,
Übergab der Polizei? 2)

Nun, zumindest läßt dies hoffen,
Daß Beamte ich getroffen,
Die tatsächlich bürgernah
Sind für uns, die Bürger da.

1) Sh. »Erlebnisse im Hotel« Band VI Die verlorene Illusion, S. 162
2) Sh. »Erlebnisse im Hotel« Band IV Dank der Polizei, Seite 224

Keine Seele*

Warum ich mich wohl so quäle,
Geld und Zahl doch keine Seele
Kennt man in der heutgen Zeit,
Das führt in die Einsamkeit;

Dadurch kommt es zu Neurosen,
Wenn im Geist wie tote Hosen
Sich die Umwelt müßig zeigt,
Wahrheit unterdrückt und schweigt.

Sogleich hört man von den Leuten,
Er muß hin zum Therapeuten,
Denn der Mann erweckt den Schein,
Höchst gefährlich krank zu sein.

Wer sich abhebt vom Normalen
Ist zu strafen, der soll zahlen,
Doch am Ende tut sich kund,
Grad der Kranke war gesund.

*Sh. »Hermann Hesse Lektüre für Minuten« Seite 208

<u>Der Pfau</u>

Gerhard hatte Marx gelesen,
Ist danach Marxist gewesen,
Honecker war sein Idol,
Gerhard folgte Helmut Kohl.

Marx und Honecker indessen
Hat er vorher schnell vergessen,
Standen ihm als Kanzler nicht
Vorteilhaft mehr zu Gesicht.

Gerhard wußte sich zu drehen,
Durfte jetzt ganz oben stehen,
Smart wie er nun einmal war,
Wurde er zum Medienstar.

Doch nach vielen guten Jahren
Hat er schmerzhaft dann erfahren,
Daß ihm das Vertrauen fehlt,
Deshalb wurde neu gewählt.

Kontrahent war eine Dame,
Angela ihre werter Name,
Erstmals also eine Frau,
Gerhard spreizte wie ein Pfau

Seine Federn um zu zeigen,
Dieser Platz der ist mein eigen,
Wer ihn will, ob Mann ob Frau,
Jeden mache ich zur Sau.

Stimmt man für Angela Merkel,
Quiekt der Gerhard wie ein Ferkel,
Denn nichts bleibt vom stolzen Pfau,
Stiehlt ihm eine Frau die Show.

Der Ideenoskar

Oskar stand zu jeder Zeit
Immer für Ideen bereit,
Wenn sie ihm nur selber nützten
Und sein Selbstbewußtsein stützten;

Denn sein ganzes Leben lang
Wurd getrieben er vom Drang
Stets im Rampenlicht zu stehen,
So daß jeder konnt ihn sehen.

Oskar, zwar vom Wuchs recht klein,
Wollte gern der Größte sein;
Meinte, daß Ideen es seien,
Die die Größe ihm verleihen.

Daß er selbst, dank ihrer Macht,
Aufersteht in Glanz und Pracht,
Denn zuletzt war er gestrandet,
Unsanft auf dem Bauch gelandet.

Voller Eifer kramte er
Marx und Engels wieder her,
Wollte wie zu alten Zeiten
Jetzt in ihrem Namen streiten;

Und das tat er dann ja auch,
Stieg geübt im Machtgebrauch
Schnell auf die Karriereleiter,
Fällt er wieder, nun, dann schreit er.

Romantik

Wer viermal ging die Ehe ein
Als Mann, der muß romantisch sein,*
Wie schön, wenn ihm die Fraun beim Traun
Verliebt in seine Augen schaun.

Der feierliche Treueschwur,
Er untermalt die Prozedur,
Fällt aber aus des Mannes Sicht
Nicht wirklich ernsthaft ins Gewicht;

Denn wie soll es romantisch sein,
Lebt man mit einer Frau allein
Und das ein ganzes Leben lang,
Da macht schon der Gedanke krank.

So kommt denn beim gestandnen Mann
Des öftren eine Andre dran,
Und jedesmal verspricht aufs neu,
Er liebevoll ihr seine Treu'.

Die alte aber, sie mag gehn,
Mit einem Schirm im Regen stehn,
Wenn sie den Mann dann nicht vergißt,
Zeigt's, daß auch sie romantisch ist.

Romantik, lag nicht grad darin
Für junge Menschen so viel Sinn?
Und fällt der Herr im Himmel ein,
Gewiß wird der begeistert sein.

* Sh. BILD-Zeitung vom 11.10.05 »Post von Wagner«,
»Ein Mann, der viermal verheiratet ist, kann nur romantisch sein.«

Bürokraten

Wenn man sieht, was Bürokraten
Hier im Lande so verbraten,
Was dem Bürger sie aufbürden,
Seinen Weg verbaun mit Hürden,

Müßt man eine Lösung finden,
Um dies Tun zu unterbinden;
Angenehm und sehr bequem
Wäre da ein Punktsystem.

Je ein Punkt kürzt die Pension,
Ein Prozent, das reichte schon,
Für ein jedes Fehlverhalten
Um das Land neu zu gestalten.

Es würd einen Aufschwung geben
Für mehr Qualität im Leben,
Bald gäb's nur noch Bürokraten,
Hilfsbereit und wohlgeraten,

Stets im Auge ihren Lohn
Einer vollen Pension,
Und sie würden statt zu dösen
Das Problem gleich selber lösen.

Recht zu Essig

Er wurde Schuldner ohne Schuld
Und hatte wahrlich viel Geduld
Mit Richtern, die ihn schuldig schrieben
Ihm dann die Antwort schuldig blieben;

Denn alles, was er darauf schrieb,
Floß durch ihr Hirn wie durch ein Sieb;
Sie wollten nicht das Recht gestalten,
Stattdessen lieber Recht behalten.

Doch was ist das nur für ein Recht,
Das ihnen dient so wie ein Knecht,
Dem sie verkrümmten seinen Rücken,
Weil er muß Wahrheit unterdrücken?

Ein Recht, das wie der Wein vergärt
Zu Essig, ohne großen Wert,
Das jene Bürger läßt versauern,
Die bei uns um die Wahrheit trauern.

Tagebuch I

Der dritte Mann,
Die vierte Frau,
Was Furz nicht kann,
Gerhard der Pfau.

Der dritte Mann,
Ein Film schon alt,
Ich sah ihn an,
Er ließ mich kalt.

Die vierte Frau,
Romantik pur,
Das weiß genau
Wer BILD liest nur.

Was Furz nicht kann,
Schrieb er mir heut,
Muß irgendwann
Zum Therapeut.

Gerhard der Pfau
Verlor die Wahl,
Lehnt ab die Frau,
Für ihn normal.

Das war der Tag
Gereimt im Wort,
Und wenn ich mag
Fahr ich hier fort.

Tagebuch II

Lange Nasen,
Präsidenten,
Königsblasen,
Zeitungsenten.

Lange Nasen
Sah man heute,
Lügen Phrasen,
Führungsleute.

Präsidenten *
Groß im Nehmen,
Luxusrenten,
Sich nicht schämen.

Königsblasen,
Alfred ohne,
Auf dem Rasen,
Seine Krone.

Zeitungsenten,
Nicht mal kleine,
Ob die pennten,
Ich fand keine.

Sehr viel Schatten
Ohne Frage,
Ja, wir hatten
Bessre Tage.

* Sh. Band III, »Die Präsidentenwahl« Seite 174

Ganz gewiß
<u>Ganz gewiß</u>

Ganz gewiß, ganz gewiß
Ist im Leben der Beschiß;
Inhaltsgleich läßt es sich fassen:
Darauf kannst Du einen lassen.
Der Beschiß, der Beschiß
Ist im Leben ganz gewiß.

Geht's ums Geld, geht's ums Geld
Lernst Du kennen diese Welt;
Selbst bei angesehnen Banken
Fehln bisweilen alle Schranken.
Du lernst kennen diese Welt
Geht's ums Geld, geht's ums Geld.

Geht's um Macht, geht's um Macht,
So gib ganz besonders acht,
Wirst umworben und gebeten,
In den Hintern dann getreten.
Gib deshalb besonders acht,
Geht's um Macht, geht's um Macht.

Das Gericht, das Gericht
Sucht die Wahrheit oftmals nicht,
Und da Richter gerne schlafen,
Werden sie Dich dafür strafen.
Auf die Wahrheit nicht erpicht,
Straft Dich deshalb das Gericht.

Ganz gewiß, ganz gewiß
Ist im Leben der Beschiß;
Auch privat, im Lauf der Zeiten
Wird Dein Leben er begleiten.
Der Beschiß, der Beschiß
Ist im Leben ganz gewiß.

Die Fassade

Es ist wirklich jammerschade,
Was heut zählt ist die Fassade,
Weil das, was dahinter steckt,
Sie so angenehm verdeckt.

Und man will das gar nicht wissen,
Denn ein sanftes Ruhekissen
Ist, wenn man nicht zu viel weiß,
Schlechter Schlaf des Wissens Preis.

Steht dann oben ein recht schlauer,
Tüchtiger Fassadenbauer,
Zeigt die herrschende Instanz
Gern sich im Fassadenglanz.

Alles, was dem Glanz könnt schaden,
Sollen schlucken die Fassaden,
Und in diesem schönen Schein
Stellt sich auch der Stolz mit ein.

Ja, mit Stolz ist zu betrachten,
Was im Land hervor wir brachten,
Doch man sollte dem nicht traun,
Hinter die Fassaden schaun.

Enttäuschung

Enttäuschung – nun, sie ist geblieben,
Ein Hoch auf alles, was wir lieben
Und liebten, nur ein Wort,
Die Täuschung ist endgültig fort.

Damit zugleich auch die Beschwerden,
Wir konnten bindungsfrei nun werden,
Dafür gilt manchem jetzt der Dank,
Der uns getäuscht, oft viel zu lang.

So haben wir dann ungebunden
Doch schließlich zu uns selbst gefunden
Und gehn enttäuscht, doch frei im Sein
Letztendlich in das Jenseits ein.

<u>Der Sinn</u>

Traurig der Beginn,
Ein trauriges Ende,
Dacht' mir, daß den Sinn
Dazwischen ich fände.

War stets drum bemüht,
Was hab ich gefunden,
Im Herzen erglüht,
Ein paar gute Stunden.

Viel Arbeit und Schweiß,
Um mich abzulenken,
War dafür der Preis
Vom quälenden Denken.

Was soll's, immerhin
Ich blieb aufrecht stehen,
Das macht doch schon Sinn,
Kann nun ruhig gehen.